中国肉鸡产业
供给侧结构性改革研究

欧阳儒彬　霍剑波　王济民　著

中国农业出版社
北　京

图书在版编目（CIP）数据

中国肉鸡产业供给侧结构性改革研究／欧阳儒彬，霍剑波，王济民著 . —北京：中国农业出版社，2019.10
ISBN 978-7-109-25930-0

Ⅰ.①中… Ⅱ.①欧… ②霍… ③王… Ⅲ.①肉鸡－养鸡业－产业结构调整－研究－中国 Ⅳ.①F326.3

中国版本图书馆 CIP 数据核字（2019）第 200710 号

中国农业出版社出版

地址：北京市朝阳区麦子店街 18 号楼
邮编：100125
责任编辑：赵　刚
版式设计：韩小丽　责任校对：巴洪菊
印刷：北京中兴印刷有限公司
版次：2019 年 10 月第 1 版
印次：2019 年 10 月北京第 1 次印刷
发行：新华书店北京发行所
开本：720mm×960mm　1/16
印张：12.5
字数：180 千字
定价：48.00 元

本研究得到"国家现代农业技术体系建设专项资金（CARS-41）"的支持，特此表示感谢！

前　言

　　肉鸡产业是我国畜牧业的重要组成部分之一。改革开放以来，我国肉鸡产业保持快速发展的势头，同时也面临着生产成本逐年增长、质量水平与人民群众对优质、安全、绿色农产品的发展要求仍有差距、产业链各环节主体间利益分配不均衡等问题。本书从我国肉鸡产业发展面临的机遇和问题出发，采用数据包络分析（DEA）方法、Malmquist 全要素生产率方法分析对肉鸡技术效率、全要素生产率进行分析，提出节本增效的关键途径；利用 2004—2017 年30 个省份肉鸡生产数据，将质量作为一个潜变量，构建质量成本函数模型，对我国肉鸡质量成本弹性及质量水平进行测度，并对不同年份、省份、品种进行对比分析；从当前我国肉鸡产业链各环节成本收益情况出发，区分价格高峰期、价格低谷期计算不同经营模式下肉鸡产业链各主体利益分配情况，并运用 Shapley 值测算出产业链主体联结机制优化方案。最后，提出了促进肉鸡产业高质量发展的政策建议。

　　研究表明：①我国肉鸡平均综合技术效率、技术效率和规模效率较高，但均未达到最优。②肉鸡全要素生产率呈波动性，TFP 变动主要是由技术变化引起的。③肉鸡投入产出要素存在一定的冗余，投入冗余量改进后成本利润率提升较大。④在现有生产水平条件下，我国肉鸡质量成本弹性和产量成本弹性均小于 1，提高肉鸡质量和产出数量是具有规模经济的，肉鸡生产者愿意也有足够的动力去提高肉鸡质量；规模化养殖水平能够提高肉鸡质量水平，大规模养殖肉鸡质量水平高于中、小规模；饲料、人力投入等也是影响肉鸡质量水平的重要因素。⑤不同经营模式肉鸡产业链利益分配格局存在一定的差别，屠宰加工、零售环节的利益在肉鸡产业链中利润分配占比相对较大，但是相对于不同的流通模式，利益分配格局存在一定的差异。⑥畜禽价格周期影响肉鸡产业链利益分配格局，加强产业链各环节主体合作能够增加整个产业链总体效益。

基于以上结论，建议继续抓好先进饲养技术、现代化设施设备的推广应用，加快开展标准化规模养殖、重大动物疫病防控等核心技术联合研发攻关，加大对养殖户日常肉鸡饲养技术、疫情应急管理等教育培训；注重产业链延伸和区域品牌培育，推动建立肉鸡产品市场风险管理体系、肉鸡全产业链信息网络和发布机制；充分发挥市场在资源配置中的决定作用，推进兽药减量增效和饲料节本提质；加强行业协会和专业合作社建设，建立更加紧密的公司与养殖户利益联结机制，提高我国肉鸡产业的整体竞争力。

目 录

第一章　导　　论

1.1　研究背景与研究意义

1.1.1　研究背景

近年来，特别是党的十八大以来，我国农业综合生产能力明显增强，农业结构不断优化，农村新产业新业态新模式蓬勃发展，但同时，随着城镇化、工业化进程加快和城乡居民消费结构、水平的提高，我国农业的主要矛盾已经由总量不足转变为结构性矛盾，农产品供求结构失衡、要素配置不合理等问题相对突出，增加产出数量与提升产品品质、成本上涨与价格大起大落等矛盾仍然亟待破解。同时，我国加入 WTO 后，与别国间交流合作日益密切，与国外相比，我国农业生产经营成本仍然偏高，农产品国际竞争力偏弱。

综合国内国外发展形势，2015 年 12 月，中央农村工作会议提出要着力加强农业供给侧结构性改革，努力提高农业供给体系质量和效率。2016年 12 月，《中共中央国务院关于深入推进农业供给侧结构性改革 加快培育农业农村发展新动能的若干意见》指出，要在确保国家粮食安全的基础上，以提高农业供给质量为主攻方向，促进农业农村发展向绿色生态可持续、更好地满足质的需求转变。2017 年 1 月，《农业部关于推进农业供给侧结构性改革的实施意见》提出，要从生产端、供给侧入手，以优化供给、提质增效、农民增收为目标，合理配置农业资源要素，优化农产品品种和品质结构，进一步增加绿色优质安全和特色农产品供给，全面提升农业发展质量效益和核心竞争力。2018 年 9 月，中共中央、国务院印发《乡村振兴战略规划（2018—2022 年）》指出，要全面深化农业供给侧结构性改革，不断提高农业创新力、竞争力和全要素生产率。2019 年 2 月，农业农村部办公厅印发《国家质量兴农战略规划（2018—2022 年）》提出，加快推动农业发展质量变革、效率变革、动力变革，全面提升农业质量效益和竞争力，为更好满足人民美好生活需要和推进乡村全面振兴提供强有力支撑。各省市区按照党中央决策部署，结合本地实际情况，分别制定出台了一系列贯彻落实文件，加大力度推进农业转型升级。

肉鸡产业作为我国畜牧业最重要的组成部门之一，经过了近四十多年的发展，已经成为我国农业农村经济中的支柱产业。2017 年我国肉鸡产量 1 208.53 万吨，占肉类生产总量的 15.09%，肉鸡消费量 1 286.95 万吨，肉鸡人均消费量达到 9.26 千克。现阶段，我国已进入中等收入国家行列，人民群众的消费观念、消费能力、消费需求都较之前发生了显著的变化，这对当前推进肉鸡产业健康发展提出了新的方向和要求，迫切需要从供给侧出发，全面提高供给质量水平，以满足消费者不断增加的个性化、多样化需求。当前，我国肉鸡产业在产品供给端还存在与需求端明显不相匹配的问题，尤其是在保障产品质量安全、打造优质品牌和产品适合国人消费喜好等方面存在较大差距，而目前肉鸡产业领域对供给侧结构性改革重要性、紧迫性和必要性的认识还明显不够到位，地方干部和农户对肉鸡产业供给侧结构性改革如何改、怎么改还比较迷茫，改革的切入点和突破口还没有找准，已严重影响到整个肉鸡产业的健康发展和城乡居民的消费，引起了社会各界的高度关注。

1. 肉鸡产量持续增加，生产成本也逐年增长，与国外相比仍然偏高

我国肉鸡养殖发展历史悠久。改革开放以来，我国肉鸡产业蓬勃发展，鸡肉生产量、总消费量和人均消费量迅速增长。肉鸡产量持续较快增长，从 1978 年的 87.5 万吨增长到 2017 年的 1 208.53 万吨，增长了 12.81 倍，是仅次于美国、欧盟和巴西的世界第四大鸡肉生产国。鸡肉在我国是仅次于猪肉的第二大畜禽消费品，肉鸡消费量从 1978 年的 84.04 万吨增长到 2015 年 1 286.95 万吨，增长了 14.31 倍；肉鸡人均消费量从

1978 年的 0.87 千克增长到 2017 年的 9.26 千克，增长了 9.64 倍。在肉鸡产量、消费量持续增加的同时，我国肉鸡生产成本也呈现出持续增长的趋势。根据历年《全国农产品成本收益资料汇编》数据，我国肉鸡养殖成本由 2000 年的平均 5.90 元/千克上涨至 2017 年的 9.88 元/千克，增长了 1.67 倍，生产成本中饲料费用由 2000 年的平均 3.85 元/千克上涨至 2017 年的 6.71 元/千克，增长了 1.74 倍，人工成本由 2000 年的平均 0.23 元/千克上涨至 2017 年的 1.30 元/千克，增长了 5.65 倍。肉鸡养殖成本收益率由 2000 年的 13.18% 下降至 2017 年的 7.99%，下降了 5.19%。王济民（2010）通过研究发现肉鸡养殖利润空间逐年收窄，个体养殖户大量退出，我国肉鸡生产成本仅次于欧洲，位于世界第二，高出阿根廷 85.7%，比美国高 20% 以上。陈琼（2013）根据 Robobank estimates，我国活鸡成本为 0.96 美元/千克，远高于美国的 0.77 美元/千克，其中，我国肉鸡饲料为 410 美元/吨，比美国的 240 美元/吨高 1.7 倍，美国人工成本大约在 0.02 美元/只，较中国便宜近 5 倍。在全球一体化进程不断加快的大背景下，降低肉鸡生产成本，提高肉鸡生产效率显得非常重要且迫切。

2. 肉鸡规模化、标准化、专业化进程不断加快，质量水平逐步提高，但与人民群众对优质、安全、绿色农产品的发展要求相比仍然差距较大

按照农业部关于加快推进畜禽标准化规模养殖，各地积极推进畜禽养殖场标准化建设，肉鸡产业专业化、规范化和标准化生产程度有了较大幅度提升。按规模化养殖场肉鸡出栏数量占总出栏数量的比例计算，我国年出栏数 10 000 只以上比例从 2000 年的 23.92% 上升至 2017 年的 77.80%，年出栏数 50 000 只以上比例从 2000 年的 9.49% 上升至 2017 年的 47.10%，分别增长 53.88 个百分点和 37.61 个百分点，统一的鸡舍、规范化的饲养、专业化的从业人员，我国肉鸡质量水平得到较大提升。但同时，肉鸡饲养中滥用抗生素、部分小企业加工过程不规范、检验检疫流于形式等问题被媒体曝光并过度宣传，加上"速成鸡"等质量安全事件、高致病性禽流感及人感染 H7N9 流感疫情暴发，造成了人民群众对动物源食品质量安全问题的担忧，尤其是在国家大力推进质量兴农的背景下，药物残留、优质饲料供给不足、高素质专业人才队伍缺失等问题已成为影响我国肉鸡质量安全水平和国际竞争力最重要的制约因素。和美国等发达国家相比，我国肉鸡养殖规模化、标准化养殖设施水平还有一定的差距，肉鸡产业链各环节质量安全管控体系尚不健全，供求质量矛盾日益突出，肉鸡产业"大而不强"问题仍然没有得到根本改善。

3. 一体化企业蓬勃发展，合同订单养殖比例逐年增多，但产业链各环节联结不紧密

经过几十年的发展，我国肉鸡产业已从简单的养殖户发展到集雏鸡繁育、肉鸡饲养、饲料研发生产、屠宰加工、冷藏配送和零售批发等一体的一条龙生产经营，并涌现出一批经营规模较大的肉鸡加工企业（辛翔飞等，2012）。年出栏 100 万只以上养殖场个数由 2007 年的 128 家增长至 2017 年 953 家。按规模化养殖场肉鸡出栏数量占总出栏数量的比例计算，年出栏 100 万只比例从 4.94％上涨至 21.00％，增长了 16.06 个百分点。根据国家肉鸡产业技术体系对占全国肉鸡出栏总量 90％以上的 19 个省（市、区）共计 1 153 户养殖户 2010 年肉鸡生产情况的调查显示，"公司＋农户"模式的养殖户参与比例约占加入产业化链条养殖户样本数量的 85％（辛翔飞等，2012）。合同订单模式的兴起，使肉鸡产业发展参与各方都以契约的形式明确各自的责权利，通过合同保护价，公司承担了一定的市场风险，但同时，也存在签订契约合同养殖户与合同公司之间话语权不对等、信息不对称等问题，部分企业在肉鸡价格低谷时虽然能够按照合同价格高价回收养殖户出栏肉鸡，但是基于高鸡苗价格、高饲料价格、高药品价格的盈利定价原则，养殖户并未获取相对较高的销售利润，带来雏鸡孵化、毛鸡养殖、屠宰加工、鸡肉销售各环节的利益分配不合理，额外增加的交易费用和生产成本在一定程度上影响了各环节利益主体的积极性，甚至会使相关生产经营主体退出肉鸡产业，这在一定程度上造成了我国肉鸡产业链总体效率低、肉鸡生产附加值不高、养殖户增收难等问题，从而影响了肉鸡产业健康发展。

推进肉鸡产业供给侧结构性改革的总目标是提高全要素生产率，增强肉鸡产业质量效益和市场竞争力，实现途径是节本增效、提质增效、绿色增效、优链增效。要实现这一目标，就必须对以下几个问题进行深入细致研究：当前我国肉鸡产业生产效率、质量水平、产业链主体联结机制如何，影响因素有哪些？肉鸡产业未来发展面临的挑战是什么，问题有哪些？采取什么样的政策措施能够促进肉鸡产业更高质量发展？本书研究试图从经济理论、技术参数并结合肉鸡生产实际情况来回答这些问题。

1.1.2 研究意义

鸡肉是我国消费人群最广的肉类食品之一。随着我国城乡居民收入及生活水平提升，社会对肉鸡等高价值农产品的消费需求呈稳定增长态势，肉鸡生产效率、质量水平的提升问题及产业链主体联结机制等备受关注。因此，本研究具有重要理论和实践意义。

1. 理论意义

生产效率、质量安全、产业链主体联结机制等一直是国内外学术界研究的热点，不少学者、专家等针对上述问题开展了丰富而广泛的研究，但就当前国内外关于生产效率、质量安全、产业链主体联结机制的相关研究来看，生产效率大多集中在投入要素效率分析，而对生产要素投入冗余及相关生产成本降低后成本收益情况研究较少；质量安全大多集中在影响质量安全的因素分析上，对质量水平的测算相对较少；产业链主体联结机制仅关注主体行为，对不同价格时期，产业链主体收益情况分析不多，尤其对不同价格时期产业链合理分配方案更是少之又少。同时，国内对农业供给侧结构性改革进行了较为系统的研究，但是具体到某一行业或品种，如何实现供给侧结构性改革方面的研究相对较少。本书将从我国肉鸡产业发展现状入手，分别对我国肉鸡生产效率、质量水平、产业链主体联结机制进行分析，为肉鸡产业进一步研究提供理论借鉴。

2. 实践意义

在农业供给侧结构性改革背景下，百姓对肉类的品质和质量提出了新的要求，畜牧业发展面临着新的机遇和挑战。老百姓不仅要吃饱，还要吃得放心；不仅要有数量，还要上档次的现实需求，迫切需要我国畜牧业转型升级。肉鸡产业作为我国畜牧业的重要组成部分，在肉鸡生产总量持续增长的同时，也面临着肉鸡总消费量和人均消费量持续增长的双重压力，如何构建高效、安全、优质、生态的肉鸡产业链，进一步提升我国肉鸡产业质量和市场竞争力，成为当前亟待解决的问题。因此，本书在分析梳理肉鸡产业面临的挑战和问题基础上，重点将生产成本高、质量水平差、产业链主体利益联结机制不顺畅等作为肉鸡供给侧结构性改革的主攻方向，并作为本研究的主要内容，通过研究分析，探寻肉鸡生产要素投入与冗余、质量水平与成本、产量与成本之间的相互关系及各主体间利益分配格局，并分析了影响因素，这对于制定肉鸡产业政策建议、促进肉鸡产业更高质量发展、更好地满足人民群众生产生活需要具有重要的现实意义。

1.2　国内外研究现状

1.2.1　国内外文献综述

1. 关于农业供给侧结构性改革的研究

农业供给侧结构性改革是针对我国农业结构供需不平衡所提出的战略性举措（孔祥智，2016）。党和政府先后对供给侧结构性改革进行了全面部署并提出了改革的基本方针，针对如何在农业领域深化改革，现有文献主要从宏观视角进行了大量研究，集中在农业供给侧结构性改革提出的必要性及实现路径或着力点等方面。

农业供给侧结构性改革实施的必要性主要从供需结构、资源环境等方面开展了研究论述。推进农业供给侧结构性改革是当前我国农业农村发展中遇到的矛盾以及推动农业转型升级的必经之路（和龙等，2016；王国敏、常璇，2017）。我国农业供给侧面临农产品有效供给不足和结构性过剩并存、农业生产经营效益持续下降、农民收入持续增加的难度加大、农业面临着资源环境"天花板"约束等突出问题（宋洪远，2016；姜长云、杜志雄，2017；程国强，2016）。其出现问题的主要原因在于政府对市场干预度过高、市场失灵问题有效解决程度低及农业公共物品供给率低（黄季焜，2018）。

就农业供给侧结构性改革的实现路径及推进举措，相关学者提出了多种思路和对策。主要归纳为以下几点：一是在价格方面的改革。相关学者在宏观上提出了促进农产品价格形成机制及农业补贴政策的转型的思想（姜长云、杜志雄，2017）；在微观上提出了实行退出价格支持＋收益补贴＋创新市场的"三位一体"政策（程国强，2016）。二是农业经营主体发展规模方面的研究。主要集中于适度规模问题及小规模兼业农户发展问题（赵玉姝等，2017；和龙等，2016）。三是关于政府职能转变及制度改革问题。市场改革和政府职能的转变是农业结构改革的关键所在（黄季焜，2018）。政府应坚持市场化改革与保护农民利益并重的原则，以市场需求为导向组织农业生产，优化农业资源要素配置结构等方面入手打造现代农产品供给体系（宋洪远，2016；黄祖辉，2016；张社梅，2017）。制度改革上提出推进农业经营制度、农业要素制度等方面的改革（黄祖辉，2016）。四是关于现代农业产业体系的构建。构建与消费结构升级相匹配的现代农业产业体系是促进农业供给侧结构性改革的关键（詹琳等，2018）。相关研究提出应以绿色发展为导向，以三产融合为动力，提升要素质量、促进要素流动、实现要素有效配置，提高加工、流通与贸易效率等举措（詹琳等，2018；张社梅，2017；王国敏、常璇，2017）。

2. 关于农业产业链的研究

劳动分工思想的提出是最早关于产业链思想的论断（亚当·斯密，1776），随后价值链的概念也被提出（迈克尔·波特，1985），其认为价值链是一个不断实现价值增值的动态过程，是由不相同但又相关联的生产经营活动组成。国外对产业链和价值链的研究，主要基于微观视角，侧重于价值链中的信息管理、质量监管等方面，认为农业产业链包括农业资料的生产、加工、运输、销售等在内的一系列活动，农业产业链能够提高企业竞争力、增加市场份额，并有效保障农产品追溯体系的建立，提高监管效率（Mighell，1963；Wout J. Hofman，2001；Boehlje，1995）。

国内不少学者们就产业链的内涵特性、形成机理、运行机制、稳定机制功能效应等方面对产业链进行研究（姚齐源、宋伍生，1985；刘贵富，2006；王岩、盛洪昌，2011；朱凤涛等，2017；郭静利，2010）。将产业链具体应用在农业领域，学者们提出了农业产业链的概念。农业产业链是集中生产要素依托市场实现对资源和农产品的合理配置（傅国华，1996）。就具体农业产业链的研究，主要集中于生猪、肉牛、肉羊、肉鸡等产业链的研究。相关学者对猪肉产业链内涵、特征及理论模式进行了系统理论分析（李晓红，2007；Kuo Gao，2014）；在此基础上，相关研究还从产业链优化整合及质量安全管理等方面展开（刘娟，2013；刘军弟等，2009；吴学兵，2014）。通过借鉴国外经验提出从促进农户规模养殖、发展合作式经济组织、加强产业链环节之间信息共享的建设以及从加快冷链物流建设等方面保障猪肉质量安全（季晨，2008）。国内畜牧业产业链研究的文献也较多。学者们将 SCP 分析范式、博弈论分析方法、农业产业链管理方法用于对肉牛与肉羊等产业链的研究（王桂霞，2005；郑玲，2007）。主要研究内容有产业链利益分配、各环节协作方式、各环节生产行为及优化机制等方面（陈燕，2010；王桂霞，2005；叶云，2015）。

3. 关于利益分配的研究

国外学者对于农业产业链研究相对较多，而对畜牧业方面产业链尤其是肉鸡产业链的相关研究成果相对较少。产业链各环节合作是提高优质牛肉产品利润的有效途径（Joel C. Brinkmeyer，2003）。国内产业关于肉鸡产业链利益分配方面的研究文献相对不多，但是关于农业产业链利益分配方面的研究文献相对较多，主要集中在以下三个方面，一是主要是在分析产业链各环节成本收益及利润分析的基础上，利用 Shapely 值法得出各主体的合理利益分配比例。猪肉产业链"家庭农场（大户）＋龙头企业＋超市"模式下，超市的收益最高。养殖大户、屠宰加工企业、超市的合理分配比例为 14.85％、22.75％和 62.4％（黄勇，2017）。液态乳产业链中，奶农获得产业链利润的 24.5％、乳品加工企业获得 23.7％、超市获得51.8％（钱贵霞等，2013）。二是采用成本收益追踪法，研究产业链各环节的成本收益。在对主要畜禽产品产业链各环节进行全面调查的基础上，剖析了市场波动对各环节的利益分配格局的影响（王明利，2008）。小麦产业链中，通过追踪河南小麦产业链各环节的成本收益情况，发现小麦制品的价格上涨的原因在于农业之外的因素（秦富，2013）。大豆产业链中，分析了黑龙江省大豆产业链各环节相关主体成本收益情况，研究发现利润在不同经营主体之间分配的绝对量，农户＜中间商＜企业（郑风田，2009）。三是采用博弈分析法研究产业链各环节的利益分配。基于合作博弈的理论框架研究合作博弈对中国房地产信托利益分配问题进行了研究（黄卉，2012）。也有学者从农产品产业链价格非对称垂直传递模型研究产业链上的利益分配，在国际上被广泛采用。

4. 关于农产品质量安全及影响因素的研究

长期以来，农业经营者与政策制定者都较为关注经济增长的数量，而对于质量关注度不够，相关研究起步较晚。2006年《农产品质量安全法》的颁布，建立了适用我国农业生产实际的农产品安全管理的各种制度，实现了我国农产品质量安全管理思路的根本转变。国内学者对农产品质量安全主要基于概念界定、理论研究、质量成本的实证分析等方面。质量安全从经济学角度可以分为"质量"与"安全"两方面（钟真、孔祥智，2012）；质量弹性是质量变动对需求量的影响程度（刘彤，2011）；质量成本包括预防、鉴定、内外部故障成本（钟真等，2013）；产品质量安全存在规模不经济问题（钟真等，2014）；生产模式与交易模式分别对品质与安全影响更为显著（钟真、孔祥智，2012）。关于农产品质量安全追溯管理模式主要基于信息不对称、风险分析等理论对模式的内涵和原理进行分析（陈松，2013）。

关于农产品质量安全问题的解决方法，学者们从产业链、供给需求多个角度展开分析。

李功奎等（2004）从优质农产品供需的角度提出推动产业化发展、供应链管理及加强政府执法职能等方面来保障质量安全。王洪丽等（2018）则指出政府应实施激励性、规范性、惩罚性及服务性机制对小农户质量安全生产行为进行重塑。李宗泰等（2011）从成本角度提出应该降低生产经营者及监管者从事农产品质量安全活动的成本；加大对生产经营者制售伪劣农产品及对监管者消极监管的处罚力度。另外还有学者提出通过完善科技服务体系，提升供应链核心企业的质量安全控制能力，加强产业链紧密协作等方面加强质量安全方面的引领（吴淼等，2012；汪普庆等，2009；张蓓等，2014；王玉峰等，2015）。

就具体产业而言，研究主要基于生产者质量安全意识和决策行为角度、消费者需求角度、供应链角度等。养殖户质量安全行为体现在投入品、疫病防控、养殖档案和健康养殖等方面，其安全生产决策行为受产业链组织、外在政府规制的影响，具有一定的形成机制；孙世民等（2011）、王海涛（2013）则从多方面对养猪户的行为进行分析。供应链环境下猪肉质量的形成主要受投入要素购买、生猪饲养、屠宰加工、储运销售及环境等五个环节因素的影响（沙鸣，2012）；生猪供应链分松散型、中间型及一体化型三种组织模式（肖开红，2012）；猪肉质量链是供应链的进一步深化，要实现猪肉质量安全就必须加强供应链管理（孙世民等，2009；刘军，2009）。也有学者从猪肉质量安全可追溯系统及消费者需求角度展开了分析（袁晓菁、肖海峰，2010；吴秀敏，2006）。

5. 关于肉鸡产业的研究

现有文献对肉鸡产业的研究主要基于定性角度对产业存在问题及对国外肉鸡产业发展经验进行借鉴；基于定量角度对养殖环节成本收益及效率、质量安全、疫病防控及各环节价格波动规律等的研究。

养殖环节成本收益及效率的研究。肉鸡精饲料费成本占生产的各项成本费用的比重最大，肉鸡生产仍处于高投入低产出状态（张玲等，2015）；相对于要素价格，肉鸡饲养生产要素用量对生产成本影响较大（柳岩，2010）；而饲养效益受养殖过程中投入要素价格、疫病防控、发展资金等内在因素及外在宏观经济政策、家禽保险等因素的影响（浦华等，2008）。不同省份及不同区域养殖成本效率存在差异，规模肉鸡养殖能够提高肉鸡生产效率（辛翔飞、王济民，2014）。肉鸡生产的成本效率相对不高的主要原因在于肉鸡生产企业更加关注肉鸡产出水平和养殖收益的增长，过于依赖饲料、兽药等投入，导致料肉比相对较高、饲料转化率不高。同时，不少企业对科学的饲养技术和先进的管理水平关注不够，带来资源浪费，生产效率整体不高（陈琼等，2014）。基于养殖成本高、养殖效率低等问题，相关学者提出了降低生产成本提高经济效益的途径及推行标准化生产、加快专业合作组织建设、加大政策扶持力度等对策建议（冀威，2017；刘林锋等，2013）。肉鸡生产效率的研究，大多基于随机前沿方法（SFA）及其扩展模型来进行的。研究内容主要基于规模效率及其影响因素、成本效率等方面（辛翔飞、王济民，2012；赵一夫、秦富，2015；韩玥、刘鹏凌，2017；张领先等，2013）

价格波动方面的研究。我国白羽及黄羽肉鸡价格季节性波动明显（戴炜等，2014），鸡苗、饲料、肉鸡收购价格和鸡肉零售价格之间存在非对称性传递（孙秀凤，2014）。西装鸡价格、活鸡价格、商品代肉雏价格呈现非线性传递（张瑞荣等，2010）。正是基于以上的变动规律分析发现，肉鸡加工业生产风险相对最小，而种鸡养殖业风险最大（张瑞荣等，2010）；另外，还有学者根据价格波动规律建立了景气指数，对产业发展进行预警（贾钰玲，2015）。

产业发展方面的研究。改革开放以来，我国肉鸡产业发展速度快，产品呈多样化发展趋势，但是在养殖环节仍存在养殖风险大、利益分配失衡、监管难度大和污染问题（谢元凯，2013）。在加工环节仍存在加工程度低、标准体系不健全问题；市场方面存在运行不规范，准入制度不完善等问题；产品在出口方面缺乏竞争力等问题（王济民等，2010；王进圣等，2015；辛翔飞等，2011）。针对以上问题，学者们提出了推行专业化、规模化养殖，推进技术进步，加强行业自律及提高政府扶持来推动肉鸡产业的可持续发展（谢元凯，2013；牛志凯等；2016；傅中星，2010；黄泽颖，2014；李炳霞，2011）。

产业链的研究。其主要集中在产业链各环节突出问题、利益分配及质量安全等方面。上游育种品种结构不合理、深加工发展滞后、肉质的兽药残留影响等原因导致肉品出口不畅、竞争力脆弱，再加上环境污染防治是白羽肉鸡生产链上严重制约产业发展的突出问题（徐日福，2010）。产业链中肉鸡价格的上涨是多环节共同作用的结果，养殖户成本利润率最低，而加工环节最高，成本利润分配不合理（翟雪玲、韩一军，2008）。疫病经济方面的研究，主要集中于疫病对鸡肉供需的影响、养殖户防疫行为及策略优化的研究（黄泽颖，2016）。

肉鸡产品质量安全的研究。我国是肉鸡生产大国，但是肉鸡质量安全情况不容乐观。中间企业质量安全控制是远远不够的，应将重点放在肉鸡养殖户的生产阶段上。农户选择不同纵向协作形式对其质量控制行为有较大影响（张杰，2015）；组织功能和区域政府规制对养殖户质量安全生产行为的影响存在差异（郭世娟等，2018）。行业的未来发展趋势在于技术革新与品牌化的发展以促进质量安全水平的提高（孙京新等，2016）。Jesper T. Graversen 等（2004）则以丹麦肉鸡部门和正在进行的食品质量项目为案例研究讨论了如何实施新的食品安全和食品质量标准。

国外肉鸡产业经验借鉴研究。中国人均肉鸡产品消费低于世界发达国家水平，国内肉鸡产品市场发展潜力很大（张瑞荣，2011）；通过对美国、欧盟、日本、韩国等国家和地区肉鸡产业发展模式的借鉴，提出了我国肉鸡产业的路径及关注质量安全及疫病防控、创建品牌等发展建议（夏训峰，2004；张瑞荣等，2011；刘丹鹤，2008；文杰，2016）。

1.2.2　国内外研究述评

综上所述，国内外学者对畜禽业的研究主要集中于利益分配、质量安全、产业链管理等方面的研究。通过梳理发现在以下方面还存在不足：一是研究视角上，对于肉鸡产业研究相对较多，但大多集中在产业发展现状、价格传导、质量安全水平影响因素等方面，缺乏从整个产业链视角对肉鸡产业总体情况进行全面细致的分析研究。二是研究内容上，对肉鸡产业链各主体利益分配机制及各环节间协作行为的分析还比较缺少，对于肉鸡生产效率、质量水平相关测算相对较少。养殖户、屠宰加工企业、政府有关部门和消费者是肉鸡产业发展的重要组成部分。三是研究方法上，在现有的研究中缺乏从经济学视角来分析产业链各环节主体的行为，研究方法多以定性分析和对策探讨为主，微观层次的实证分析相对较少。

1.3　研究目标、思路与内容

1.3.1　研究目标

（1）深入分析肉鸡生产效率，主要分析技术效率和全要素生产率对肉鸡生产发展的贡献，在分析不同规模、年份、省份、品种肉鸡投入要素冗余分析的基础上，提出肉鸡产业节本增效的途径。

（2）测定肉鸡质量成本弹性，分析肉鸡质量与要素投入之间的关系，进一步计算出不同规模、年份、省份、品种等条件下肉鸡质量水平，揭示影响我国肉鸡质量水平的主要因素，提出肉鸡产业质量提升的途径。

（3）分析肉鸡产业链各环节主体成本收益情况，分别从肉鸡价格高峰期、价格低谷期计算不同经营模式下肉鸡产业链各主体利益分配情况，运用 Shapley 值测算出产业链主体联结机制优化方案,提出产业链主体优化提升的途径。

(4)在以上分析的基础上,结合我国肉鸡产业发展现实情况,提出促进肉鸡产业高质量发展的政策建议。

1.3.2 研究思路

本书从我国肉鸡产业发展面临的机遇和问题入手,采用数据包络分析(DEA)方法、Malmquist 全要素生产率方法分析对肉鸡技术效率、全要素生产率进行分析,揭示影响肉鸡生产效率的主要因素。然后利用超越对数成本函数,构建了肉鸡质量成本函数,实证分析生产投入要素对肉鸡质量水平的影响,测算出肉鸡质量水平,分析了影响肉鸡质量水平的因素。紧接着从当前肉鸡产业链各环节主体成本收益情况,分别从肉鸡价格高峰期、价格低谷期计算不同经营模式下肉鸡产业链各主体利益分配情况,运用 Shapley 值测算出产业链主体联结机制优化方案。最后,结合我国肉鸡产业发展面临的实际情况,提出了促进我国肉鸡产业高质量发展的政策建议。

1.3.3 研究内容

基于研究目标和研究内容,论文主要分为三个部分,包括七个章节,具体如下:

第一部分:研究基础,包括第一章到第二章,分别为引言、文献综述、概念界定、理论基础与分析框架。

第一章,导论。基于研究背景,提出研究问题,确立研究目标,并确定研究范畴,并介绍本研究的结构。文献综述部分,梳理与研究内容相关的文献,通过以往国内外文献的梳理,对文献进行评述。

第二章,概念界定与理论基础。本研究首先介绍了供给侧结构性改革、农业供给侧结构性改革的内涵、任务和重点,并对肉鸡供给侧结构性改革的内涵、重点进行详细介绍,并界定了本书中肉鸡供给侧结构性改革研究的重点内容。介绍了生产效率理论、质量经济学理论、农业产业链理论,并界定相关研究概念。此章节为本书研究奠定了基础。

第二部分：主要内容，包括第三章到第六章，分别为肉鸡产业现状、肉鸡生产效率、肉鸡质量水平、肉鸡产业链主体利益分配等研究。

第三章，我国肉鸡产业发展概况。主要介绍了我国肉鸡的生产、消费、贸易现状等情况，并分析了当前我国肉鸡产业发展面临的机遇和挑战。这一章节为全文分析提供清晰、详细的背景。

第四章，肉鸡生产效率及节本增效分析。首先对当前我国肉鸡生产效率情况进行分析，分别从生产效率、全要素生产率的角度进行分析，并采用全国农产品成本收益资料汇编数据对不同省份、不同年份、不同品种肉鸡投入冗余进行分析，查找 2004—2017 年生产成本项目构成要素中哪个投入要素存在投入过量，并找到最优生产投入状态，以寻找降低成本的途径。

第五章，肉鸡质量提升及质量成本弹性测算。首先，借鉴 Antle (1998) 关于肉类质量成本弹性推导的研究方法，把肉鸡质量作为一个潜变量，利用面板数据构建肉鸡质量与生产成本之间的质量成本函数模型，分别测算出肉鸡质量的成本弹性、产量的成本弹性，在此基础上，分别对不同省份、不同年份、不同品种肉鸡质量水平进行测算，寻找对肉鸡质量提升具有显著影响的要素，以期进一步提高肉鸡质量水平。

第六章，肉鸡产业链主体联结利益优化分析。首先介绍了肉鸡产业链经营主要模式，分析了肉鸡产业链各环节主体成本收益情况。运用 Shapley 值法，分别对肉鸡价格高峰期、价格低谷期下肉鸡产业链主体利益分配进行分析，并分传统模式、"公司＋农户"模式、一体化模式进行综合考虑，提出了肉鸡产业链合理利润分配方案及产业链主体联结利益优化建议。

第三部分：研究结论与政策建议，本部分包括第七章，总结本研究得出的结论，提出相应的政策建议。

1.4　研究方法与技术路径

1.4.1　研究方法

对于肉鸡供给侧结构性改革的研究采用规范分析和实证分析相结合的

方法。研究方法具体为：

（1）文献资料分析法。对于肉鸡产业的研究基础，始于历年《全国农产品成本收益资料汇编》、《中国畜牧业统计》及对相关文献的分析，本书利用中国农业科学院信息平台提供的中国农业科学院图书馆、CNKI 数据库、百度学术、谷歌学术、CALIS 外文数据库等相关信息来源，获取研究相关文献，搜集研究相关资料，为后续研究奠定坚实的基础。

（2）实地调研法。本研究在收集整理国家肉鸡产业技术体系产业经济研究室在体系各综合试验站建立的固定观测点基础数据的基础上，深入河南、河北、山东、广东、广西、安徽等肉鸡主产省份进行实地调研，通过填写调查问卷和访谈的方法获取第一手数据，采取全程跟踪的方法对雏鸡孵化、肉鸡养殖、屠宰加工、销售等环节进行实地调研，调查对象有养殖户、"公司＋农户"企业负责人、一体化企业市场部经理、屠宰加工企业采购部经理、农贸市场小摊贩、超市生鲜部经理及肯德基、麦当劳采购部经理等，通过一对一问卷调查的方法获取相关信息。基于收集的问卷与访谈获取的资料，支撑了本研究相关章节的主要内容。

（3）实证分析方法。在主要研究内容部分，采用数据包络分析（DEA）方法、Malmquist 指数法对肉鸡生产效率进行分析，运用超越对数函数模型对肉鸡质量成本弹性及质量水平进行分析，最后运用 Shapley 对产业链各主体利益联结机制合理性进行分析。

1.4.2 技术路径

本研究采用理论与实证相结合的方法，采用数据包络分析（DEA）方法对肉鸡技术效率进行分析，结合 Malmquist 指数对肉鸡生产全要素生产率进行分解，分析影响肉鸡生产的主要因素，并进行生产投入冗余分析，利用超越对数成本函数，将质量作为一个潜变量，构建肉鸡质量成本函数模型，计算出肉鸡质量成本弹性，并进行肉鸡质量水平测算，分析影响肉鸡质量水平的因素；运用 Shapley 值测算产业链主体联结机制优化方案。在以上分析问题的基础上，提出促进肉鸡产业高质量发展的政策建议。研究的技术路线如图 1-1 所示。

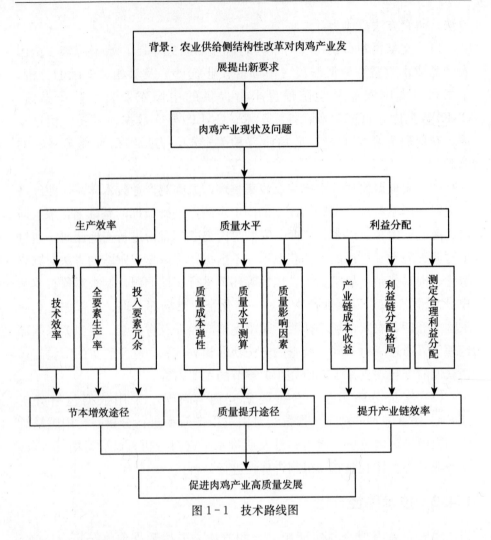

图 1-1　技术路线图

1.5　创新点与不足

1.5.1　创新点

综合参阅与分析前人研究成果后发现，本研究可能的创新点或新颖性主要体现在以下几个方面：

（1）在某一品种开展农业供给侧结构性改革经济学研究探索。系统分析了肉鸡产业供给侧结构性改革面临的机遇与问题，从降低生产成本、提高产品质量、优化产业链主体利益联结机制等方面进行研究，能够为同行业或者其他行业提供一定的借鉴。

（2）对肉鸡技术效率和全要素生产率进行全面分析。从静态、动态两个角度对肉鸡生产效率进行综合研究，并结合投入冗余分析，计算出最佳生产要素投入方案，并测算了投入冗余因素消除后的成本收益率情况。

（3）对质量成本弹性及质量水平进行测算研究。引入质量经济学相关理论，将质量作为产品的第二属性，与产品产量同等看待，构建起肉鸡质量成本函数模型，并进行测算推导，并对质量成本弹性及质量水平进行测算分析。

（4）从价格高峰期、价格低谷期对肉鸡产业链各主体利益联结机制进行分析研究。分别计算价格高峰期、价格低谷期下肉鸡在传统模式、"公司＋农户"模式、一体化模式下肉鸡产业链各主体利益分配情况，有助于政府相关部门根据农业生产周期特点制定差异化政策。

（5）分不同品种（白羽肉鸡、黄羽肉鸡）、不同省份和不同年份等进行分析。将研究范围进一步延伸拓展，能够为广大读者和政府相关部门呈现出更加准确、全面、客观的信息，有利于加强肉鸡产业相关研究。

（6）本研究采用理论与实证相结合的方法，借鉴国外相对前沿的模型开展研究，并在国内畜牧产业经济研究中使用这些模型进行分析，这是一种探索和实践。

1.5.2　不足之处

由于相关数据资料难以获取，肉鸡产业供给侧结构性改革分析还需要进行深入研究。这主要体现为：一是由于获取其他国家数据相对比较困难，没有对肉鸡产业生产效率、质量水平、产业链各主体利益联结机制情况进行比较。二是由于肉鸡屠宰加工、运输环节质量安全管控相关数据获取困难，本书仅从肉鸡养殖角度研究肉鸡质量水平，暂时未将肉鸡质量水平拓展到肉鸡产业链其他环节。

第二章 概念界定与理论基础

本章将对本书后续分析肉鸡生产效率、质量成本弹性及质量水平、肉鸡产业链各主体利益分配格局时所涉及的相关政策概念、理论基础进行阐述。

2.1 农业供给侧结构性改革

2.1.1 供给侧结构性改革相关内容

作为西方经济学理论的基本理论，供给是指一定价格生产者愿意并可能提供的商品或服务数量，主要是相对于需求而言的。《新华字典》对"侧"的定义是偏重于某一个方面或倾斜。因此，供给侧强调的是着眼于供给的各个方面，是相对于需求侧来说的。从一定意义上讲，供给方面的要素主要包括土地、劳动力、资金、制度、创新等，供给侧结构性改革即是从供给端、生产端入手，通过优化要素的资源配置，优化产业结构，提升整个产业的发展质量。在改革路径上大致可分为两种：一方面是向新产业、新业态、新发展模式等新兴领域发力，创造出新的经济增长点；另一方面是传统产业要寻找新的发展动能，在发展中以降低交易的成本为根本目标，大力开展政策支持与体制机制方面的创新。在我国，供给侧结构性改革在 2015 年 12 月被正式提出。

1. 供给侧结构性改革的内涵

供给侧结构性改革，是以提高供给的质量为出发点，用改革的办法通过调整生产关系，矫正要素配置扭曲，优化要素配置，提高全要素生产率等以推进供给侧结构调整，提高供给体系质量和效率，扩大有效供给，更好地满足广大人民群众对美好生活的需要，促进经济社会持续健康发展。其中，生产要素、产业、生产者构成经济增长的供给体系；"结构性"是指生产要素、生产者和产业是按怎样的比例进行配置，而不同的组合即会产生不同的经济增长方式；"改革"是更多地体现在对生产关系的优化调整。

2. 供给侧结构性改革的内容

（1）供给侧结构性改革的最终目的是满足市场需求。一方面，生产决定消费；另一方面，消费也反过来会对生产起一定的作用。随着我国经济社会的发展，人们生活水平显著提升，消费需求也出现了明显的升级，比如从数量需求到质量需求的转变、从物质需求向精神需求的转变，从生计需求向生活的转变等，这就意味着，供给一端的产业和产品必须符合消费者的这些需求变化才能实现市场价值。供给决定了需求的对象、方式、结构和水平，消费需求是经济活动的最终目的，又会反过来引导供给，一切经济活动归根结底都是为了满足需求而进行的。因此，供给侧结构性改革的目的就是要满足广大人民群众不断升级的需求，更好地满足人民群众的生活需要。

（2）供给侧结构性改革的主攻方向是提升供给体系质量和效率。供给体系是由生产者、投入的生产要素、产出的产品构成的复杂系统，任何一个国家或地区的供给水平（产出水平）取决于多因素影响。作为市场供给主体的生产者，包括其经营管理理念、经营管理水平等都影响着生产者的发展水平；投入的生产要素包括劳动力、资金、技术等，相互的结构组成与配置方式形成了不同的经营之路，或是劳动密集型、或是资金密集型、或是技术密集型、或是绿色发展型等，也决定了供给的效率。从一定意义上讲，技术进步是经济持续增长的源泉，包括劳动者素质提升、设施装备替身、工艺技术改进等；产业则是供给体系的最终体现，由数量和质量两个维度衡量，其在市场上的占有率与商品率直接反映了是否受广大消费者喜欢。因此，供给侧结构性改革的主攻方向是提高供给体系的质量和效率，比如提高劳动生产率、全要素生产率，优化产业、企业、产品结构等。

（3）供给侧结构性改革的根本途径是深化改革。深化改革是破除旧的生产关系，进而调整生产关系中阻碍生产力发展的因素，以便生产关系更好适应生产力，产生积极推动作用。但往往生产关系调整相对滞后，会对生产力进步构成阻碍。作为"看得见手"政府制定的政策、制度、措施等是解决公共物品、理顺交易产权、降低成本的关键，不可或缺。因此，供给侧结构性改革从根本上解决的是如何充分调动劳动者的积极性、主动性、创造性，使产业不断升级。

2.1.2 农业供给侧结构性改革

农业供给侧结构性改革指的是供给侧结构性改革在农业经济领域的具体体现，首次在 2015 年 12 月中央农村工作会议中提出。2017 年《中共中央、国务院关于推进农业供给侧结构性改革 加快培育农业农村发展新动能的意见》系统部署了农业供给侧结构性改革的推进方向、思路、目标和路径，是当前和今后一个时期推进我国农业转型升级的主线和工作重心。

1. 农业供给侧结构性改革的内涵

当前，我国农业的主要矛盾已由供给数量上总量不足转变为供给质量、效益不足引起的结构性矛盾，突出表现在农副产品阶段性供给大于需求以及供给和需求不足同时存在的情况，结构性矛盾主要集中在农副产品供给侧方面。当前，我国农业领域产业结构不断优化，农业产业的效益和质量逐年提升，但同时，农产品滞销、生态污染严重、农民增收乏力等问题也同时存在。这就需要，在注重增加产出数量的同时，更加注重提升农产品的品质；在农产品成本攀升的背景下，进一步破解农副产品价格低迷和国内外价格倒挂等问题。

农业供给侧结构性改革，就是要在全面保障国家粮食安全的前提下，抓住市场消费需求，以增加优质绿色农产品有效市场供给为主线，以进一步增加农民收入为根本目标、以创新机制体制为途径，努力提高农产品供应的质量品质，从而进一步优化农业产业体系、生产体系和经营体系等，全面提高土地产出率、资源利用率和劳动生产率，加快推进农业生产尽快向环境友好型农业转变。农业供给侧结构性改革更加强调农业领域的体制机制方面创新，更加凸显了要素优化配置、产业结构优化和区域布局合理，更加突出了绿色兴农、质量强农的发展方向，从而进一步实现农业供需关系在更高水平上实现新的平衡。

2. 农业供给侧结构性改革的主要任务和内容

一是稳定粮食生产。"必须把饭碗端在自己手里"，保障粮食供给基本安全是底线。面对粮食贸易新形势，必须调优粮食种植结构，以发展多形式适度规模经营破解"谁来种地"的问题，加大对粮食优势产区的政策支持和引导，大力培育粮食专业大户、粮食种植家庭农场、粮食种植专业合作社，着力降低人力成本和分散经营成本，提高耕种收机械化水平，强调粮食种业发展，推进粮食产量稳步增加、优质供给。

二是优化农业结构。以提高有效供给和中高端供给为目标，从三个层面优化结构、提升产业链建设：要进一步优化种植业内部结构，"稳粮、优经、扩饲"；进一步优化种养结构，大力发展标准化健康养殖业，推动畜禽、水产养殖转型升级；要进一步大力推进农村一二三产业融合发展，发展农产品初加工、精深加工以及现代农产品物流配送，大力发展农产品电子商务；大力发展休闲农业、教育农业、体验农业、文创农业等新产业新业态。因地制宜，做大做强特色产业，推进农业品牌建设。

三是大力推进农业农村绿色发展。农业农村绿色发展是一个从田间到餐桌的全产业链，也是涉及农业产出、食品安全、农村生态等多领域的复杂体系。主要从以下几方面入手：进一步强化土壤修复与保护，扩大耕地轮休耕试点范围，加强耕地资源保护，强化产地环境监测与污染防治，减少农业面源污染；加大农业投入品监管力度，实施农药、化肥零增长，从源头上控制食品安全；实施生产标准化战略，运用遥感、人工智能等先进科学技术，加快发展精准农业、数字农业和智能农业，开展标准化、规模化生产，进一步健全农产品可追溯检验检测体系；要大力发展绿色低碳循环农业，全面提高农业废弃物资源化利用水平。

四是推进农业领域创新驱动。科技是第一生产力，科技作为供给侧的核心要素之一，一方面需要本身优化，另一方面要靠科技创新驱动农业的效益和质量提升。农业供给侧结构性改革需要科技支撑，通过品种研发、技术创新、工艺创新、成果转化等，提高农业科技含量，增加农产品附加值，提高农业创新力，提升农业国际市场竞争力。

五是进一步深化农村改革。围绕破解"人、地、钱"矛盾，要把激活土地要素作为突破口，实施"三权分置"，实现种植能手规模化经营，提高土地产出率；要通过多种方式、多种模式把小农户生产纳入整个农业现代化建设体系之中，促进小农户与现代农业有效衔接；要加快农村集体产权制度改革，健全农村产权交易市场，促进农村资源要素实现高效配置；要深化农村金融和农业保险制度改革，建立适应于现代农业发展需要的新型农村金融和农业保险制度。

2.2 肉鸡产业供给侧结构性改革

2.2.1 内涵和重点

经过 40 多年的发展，鸡肉已成为仅次于猪肉消费的第二大畜产品，肉鸡产业在农业产业结构优化调整、增加农民收入、保障国计民生等方面做出巨大贡献。在新时代征程中，推进肉鸡产业持续健康发展十分重要。

1. 肉鸡产业供给侧结构性改革的内涵

肉鸡产业供给侧结构性改革指的是以满足人民群众对美好生活的消费需求为导向，特别是以鸡肉产品消费需求为导向，从肉鸡产业的供给侧和生产端入手，用改革的办法推进肉鸡产业各生产要素配置更加优化、产品更加优质、供给结构更加合理，不断提升肉鸡产业供给的质量水平和生产效率，在更好地满足广大消费者需要的同时，实现肉鸡产业转型升级和可持续发展。

2. 肉鸡产业供给侧结构性改革的重点

一是进一步提升质量水平，振兴肉鸡产业。与其他很多产业类似，当前我国肉鸡产业在产品供给端也存在着与需求端明显不相适应的问题，肉鸡产品供给大路货居多，优质、高档次的肉鸡产品相对较少，大品牌的肉鸡产品更是少之又少，还不能满足市场消费需求。从畜禽产品消费情况来看，2013—2014 年，我国畜禽产品消费持续低迷。2015 年我国畜禽产品消费市场开始逐步回归正常增长轨道，但受禽流感等疫情影响，2016 年开始，我国畜禽产品消费再次进入低迷期。畜禽产品消费市场不景气，在一定程度上影响了肉鸡产业的繁荣发展。由此，当前，我国肉鸡供给侧结构性改革要以市场需求为根本导向，要在做优产品、做精品质、做足文化等方面下功夫，从而促进肉鸡产业由过去主要满足"量"的需求向更加注重"质"的需求转变。

二是进一步降低生产成本，提高肉鸡产业效益。近几年来，我国肉鸡产业生产面临着生产成本"地板"和市场销售价格"天花板"两方面挤压，在农业绿色发展的大背景下，不少地区，尤其是北方地区，出于对大气污染防治的需要，纷纷出台了"养殖取暖必须由燃煤改为燃气"的规定，这对于一般养殖户或养殖场的设备条件提出了更高的要求，增加了企业的生产成本。如，由于纸箱生产企业受环保压力而带来生产成本上涨，2016年广西仅鸡苗纸箱价格较2015年增长1倍左右，肉鸡养殖成本总体呈现上涨态势。这就带来，在肉鸡生产领域，肉鸡行业养殖成本的大幅增加，进一步压缩了肉鸡养殖企业和养殖户的利润空间；而在肉鸡销售领域，不少优质的肉鸡却卖不上好价格，亟须进一步节约肉鸡生产成本、提高肉鸡的生产效率，并提高肉鸡的质量水平，增加市场的供给效率，从而实现优质优价。

三是进一步推动创新驱动，加强肉鸡全产业链建设。破解肉鸡产业发展中面临的问题，要从肉鸡产业链出发，进一步提升肉鸡产业质量水平和生产效益，主要包括技术创新、组织创新、制度创新等，其中，技术创新，就是要从肉鸡育种改良入手，加强肉鸡养殖工艺、加工标准、产品包装、产品分销、贮藏、保鲜、精深加工等方面科技研发，从而进一步优化肉鸡的品质和质量，提高肉鸡产业的质量水平；组织创新，就是要以发挥肉鸡养殖适度规模经营的引领作用为重点，进一步优化农业经营体系，全力打造肉鸡全产业链，发挥各种新型经营主体或专业合作组织的积极能动性，协调好各主体在产业链上的利益分配机制，探索多种形式的新型产业组织形式，提高肉鸡产业化、一体化经营程度；制度创新，就是要从管理水平上下功夫，鼓励肉鸡企业从加强职工教育培训入手，建立健全更加科学规范的操作工艺流程规章制度，严把质量安全关，进一步提高肉鸡产品市场竞争力。

2.2.2 研究内容

供求关系结构性失衡是当前我国肉鸡产业面临的主要矛盾，本书立足肉鸡产业发展现状，紧扣提升肉鸡产业供给质量水平与生产效率，聚焦研究肉鸡供给侧结构性改革的三个方面：一是研究生产效率问题，实现节本增效；二是研究质量安全问题，实现提质增效；三是从组织创新角度，研究利益链分配问题，实现优链增效。

1. 研究生产效率问题，实现节本增效

肉鸡产业生产与消费结构性失衡，供需错位，主要受到以下两方面影响：首先是肉鸡中低端农产品供给过剩，但市场对于这部分需求不足；其次是肉鸡高端农产品供给不足，市场需求不能满足。从肉鸡产业供给端出发，调整产品结构，减少肉鸡产品无效的、低端的供给，扩大肉鸡产品中高端供给和有效供给，适应广大消费者对优质、安全、绿色鸡肉产品的需求。本书围绕如何"降成本"，以降低肉鸡生产成本、提高肉鸡生产效率为重点，通过引入数据包络方法（DEA），运用肉鸡成本收益年鉴数据，分析出肉鸡生产成本投入冗余情况，从而找到肉鸡生产投入中，哪个成本可以降低，并且进一步降低生产成本，途径有哪些等。

2. 研究质量安全问题，实现提质增效

肉鸡作为一般农产品，需求价格弹性相对小，在正常情况下通过扩大需求来刺激消费，作用有限。随着人民群众生活水平的提高，人民群众的消费取向不断升级，对于一般农产品的需求已经从"吃饱"向"吃好"转变，安全、绿色、健康等已经成为农产品消费的核心理念，消费结构升级、消费水平高级化。但反过来又会加剧原有供给结构下的"供需错位"。本书围绕"提质量"，以提高肉鸡产出质量为重点，紧扣肉鸡养殖户，也就是养殖环节的质量水平，构建肉鸡质量成本函数模型，分析计算出肉鸡质量成本弹性、肉鸡产量成本弹性，进一步推导出肉鸡质量水平，找到影响肉鸡质量水平的因素，从而得出提高肉鸡质量水平的途径以及激励机制和支持措施等。

3. 从组织创新角度，研究利益链分配问题，实现优链增效

激活农业生产要素是供给侧结构性改革的核心，其中，激活市场主体、创新组织模式是关键。农业组织模式创新，需要坚持农民自愿的基本原则，建立健全新型农业社会化服务体系，构建新的利益协调机制，降低农业成本，提高农业效率；努力构建现代化肉鸡产业，将科技引入肉鸡产业，建立"生产＋加工＋科技"的肉鸡产业链，提高肉鸡产业整个链条标准化、集约化经营，带动农民增收，提高产业链增值。针对肉鸡产业链中利益链薄弱的问题，本书围绕"增收益"，以肉鸡产业链各主体利益分配优化为目标，研究如何使产业链各个主体之间获得的收益更加合理，如何使养殖户、龙头企业或公司、销售商等之间的关系更加紧密、合作更加顺畅，从而全面提高肉鸡整个产业链的附加值。

2.3　理论基础

2.3.1　生产效率理论

1. 生产者行为理论

在市场经济中，价格是市场参与者相互之间联系和传递经济信息的机制，价格机制也使经济资源得到充分有效配置。任何商品的价格都是由供给和需求共同决定的，供给的决定正是基于生产者行为理论，即一个理性的生产者或生产群体，在一定价格水平下，生产者能够生产并且愿意生产的产品的数量。生产者行为理论中的重要内容包括生产函数、供给曲线、供给弹性。

（1）生产函数。生产函数指的是既定的生产技术水平下，各个生产要素的组合（x_1，x_2, $x_3 \cdots x_n$）在每一个生产周期所能够生产出的最大产出数量 Q。通常只使用劳动（L）和资本（K）这两种生产要素，所以生产函数可以写成：$Q = f(L, K)$。对生产函数的理解需要关注两点：生产函数反映的是在既定的生产技术条件下投入和产出之间的数量关系。如果技术条件改变，必然会产生新的生产函数；生产函数反映的是某一特定要素投入组合在现有技术条件下能且只能产生的最大产出。

（2）供给曲线。供给曲线（supply curve）是表示商品的价格和供给量之间的函数关系所绘制的一条曲线。所谓供给是指个别厂商在一定时间内，在一定条件下，对某一商品愿意并且有商品出售的数量。供给曲线需满足两个条件：一是厂商愿意出售；二是厂商有商品出售，二者缺一不可。

（3）供给弹性。供给弹性也称供给价格弹性（Price Elasticity of Supply），是指供给量相对价格变化作出的反应程度，也可以解释为鸡肉产品价格上升或下降1％时，对鸡肉产品供给量上升或下降的百分比。供给量与价格是同方向变动的，即随着该商品的价格变动，企业的生产就会随之变化。

供给价格弹性（E_S）分为五种类型。$E_S > 1$ 表示肉鸡产品价格供给富有弹性；$E_S < 1$ 表示肉鸡产品价格供给缺乏弹性；$E_S = 1$ 表示肉鸡产品价格供给单一弹性；$E_S \to \infty$ 表示肉鸡产品价格供给完全弹性；$E_S \to 0$ 表示肉鸡产品结构供给完全无弹性。

2. 成本收益理论

（1）边际成本理论。肉鸡产品边际成本（MC）是指生产者每增加一单位肉鸡产量所增加的成本的数量，即 $MC = \Delta TC / \Delta Q$。边际成本在厂商的整个生产过程中呈现先递减后递增的倒"U"形趋势。肉鸡产品遵循基本经济学定律，用边际成本定价，即肉鸡边际成本是肉鸡可以销售的最低价，这样才能使企业在经济困难时期维持下去。因为固定成本几乎沉没，理论上边际成本可以使企业无损失地继续运转。

（2）平均成本理论。肉鸡产品平均成本是指肉鸡成本耗费的平均水平，一般针对产品或劳务，成本的变化，往往反映成本管理总体水平的变化，肉鸡平均成本水平的变化可以反映出肉鸡产业的问题。不同时期的平均成本可能会有很大变化，一般我们这样计算平均成本，平均总成本＝总成本/总产量

（3）边际收益理论。肉鸡产品边际收益（MR）一般指增加一单位肉鸡产品的销售给肉鸡生产者带来的收益，即肉鸡产品最后一单位出售价格所得到的收益，肉鸡产业利润最大化的必要条件是肉鸡产品边际收益等于肉鸡产品边际成本。

3. 效率理论基础

（1）边际报酬递减规律。边际报酬递减规律又称边际收益递减规律，对于肉鸡产业而言，这个规律是指在肉鸡产业其他生产技术水平不变的条

件下，把肉鸡产业中一种可变生产要素增加到其他的生产要素上去的过程中，当投入量小于其中某一个值时，增加肉鸡生产要素投入使得肉鸡产业边际产量递增；当肉鸡可变生产要素的投入量持续增加并超过某个特定值时，增加生产要素的投入使得肉鸡产业边际产量递减。肉鸡产业同样符合边际报酬递减规律，适度投入也是产业发展的关键。

（2）最优生产规模。最优生产规模是指经过技术经济分析论证，得到的无约束条件下的最佳产量规模。最优生产规模是相对于长期生产来说的，是在某一产量水平下取得最低成本的生产规模。

2.3.2　农产品质量安全理论

1. 农产品质量安全

ISO9000 质量管理体系对"质量"的概念进行了定义，即具有固有特性、满足要求的程度，因此，农产品的质量首先必须满足安全、优质、营养和健康等相关要求，同时还需要满足消费者的差异化需求。《中华人民共和国农产品质量安全法》中指出，农产品质量安全，是指农产品质量符合保障人的健康、安全的要求。在国家实施质量兴农战略的大背景下，农产品质量安全是我国发展现代农业、深化推进农业供给侧结构性改革的底线。

2. 质量经济学理论

质量经济学，指的是一门从经济学角度出发，全面研究质量方面问题的学科。从狭义的角度来看，质量经济学研究的是质量水平方面的经济问题，有些时候指的是具体领域的技术经济问题，这指的是从企业方面或者公司的角度来探讨质量水平方面的问题。从广义的角度来看，质量经济学研究的是关于"质量水平"方面的总体方面的问题，是一门专门研究质量水平方面的问题，并在经济社会发展中的地位和作用，质量水平所反映的范畴反映社会经济关系以及如何进一步提高质量水平的科学，并不是某个或者具体方面的经济问题。

3. 质量安全的成本弹性理论

质量安全的成本弹性表示商品质量安全变动比例引起的该商品的需求量的变动比例。其实质是质量安全变动对该商品需求量的影响程度。影响肉鸡质量安全弹性的因素主要存在于养殖环节、加工环节和流通环节。质量安全弹性可以分为富有弹性、单位弹性和缺乏弹性三大类。肉鸡产业提高肉鸡质量安全方面的原则是，如果肉鸡的利润增加量小于提升肉鸡产品质量安全造成的成本增加量，则肉鸡生产者就应该进一步提高质量水平，直至肉鸡利润的增量等于或者大于生产成本的增量，企业或者公司就可以获得最大利润。

4. 全面质量管理理论

全面质量管理（TQM）是指以保障产品质量为核心，使用一套科学、严密、高效的质量保证体系，满足消费者的需求。农业生产过程复杂、农产品进入市场后的品质好坏有很多影响因素，这些特点使农产品全面质量管理相对复杂。农产品全面质量管理是指以信息技术为手段，建立农产品生产前、产中、产后的一整套质量管理体系，严格控制生产的每一个环节，一方面可以进行数据采集，另一方面要加强对生产者、经营者的全面控制，实现用最经济的方式生产出符合标准的农产品，并且提高消费者农产品质量安全意识、制定相关标准和法律法规。

2.3.3 农业产业链及其利益分配理论

1. 农业产业链的内涵

农业产业链概念起源于20世纪50年代的美国，现如今已被广泛应用到全世界各国农业生产实践之中。我国国内关于农业产业链的定义最早是由傅国华于1990—1993年在海南省研究热带农业发展时提出的，并在1996年详细定义了农业领域产业链的内容，指出了我国农业产业链不仅包括农产品的生产环节、加工环节、运输环节和销售环节等，还覆盖了农产品从农田到餐桌的整个过程，是农业生产要素配置转化为生产力的全过程，体现了我国农产品的价值增值过程，也是供需链、产品链、价值链和技术链等的集合。加强产业链方面的建设是我国肉鸡供给侧结构性改革的重要组成部分，也是实现肉鸡产业要素市场与肉鸡产业商品化市场的联结，更是全面实现肉鸡产业供给结构与需求结构相适应的目标和主攻方向。

2. 产业链优化的路径

产业链优化是一个科技水平不断进步、产业各环节不断配合默契、产品质量持续上升的过程。实现产业链优化需要产业链整合、产业链延伸与产业链提升。一方面，主要是通过纵向方面的整合与横向方面的整合两种方式实现利益共享和风险共担；另一方面是产业链延伸，可以分为前向延伸、后向延伸和横向延伸。多数指向后延伸，也就是从种养殖延伸到加工环节，通过延长产业链增加产品附加值。此外，还有肉鸡产业链的提升，产业链提升是肉鸡产业链整体水平的提高，不仅包括整体技术水平的提升和农产品质量的提升，还包括如工艺与生产流程升级或者引进更加先进的技术等方面提升。

2.4　研究对象与范围界定

对研究对象的概念和范围进行界定有助于研究思路更加清晰，研究内容更加易懂。本书主要针对肉鸡产业链展开研究，对肉鸡产业研究相关概念进行界定。

2.4.1　肉鸡饲养规模

1. 肉鸡

肉鸡是指以食用肉为目的鸡类家禽，包括白羽肉鸡、黄羽肉鸡、肉杂鸡、淘汰蛋鸡、淘汰种鸡等。肉鸡产业是我国产量第二大的肉类产业，仅次于猪肉产业，现代肉鸡品种具有饲养周期短、生长快、价格低、低脂安全等特性，是满足现代消费者健康、安全、快速的消费需求的食品，尤其是对于快节奏的年轻人，对于肉鸡的消费量非常高，对改变我国消费者饮食结构，提高居民生活水平意义重大。我国肉鸡生产中，白羽肉鸡中多以快大型白羽肉鸡为主，其生产区域主要集中在中原地区。而黄羽肉鸡与白羽肉鸡相比，具有饲养周期长的特点，但黄羽肉鸡比白羽肉鸡环境适应性强、容易饲养、肉质好，黄羽肉鸡受到消费者的极大欢迎。

2. 肉鸡饲养规模

肉鸡饲养规模是指肉鸡生产者肉鸡最大饲养数量。《全国农产品成本收益资料汇编》等统计年鉴中将我国肉鸡饲养规模主要划分为四类，即：散养、小规模、中规模和大规模，具体如下：肉鸡养殖规模小于 300 只，定义为散养，对应养殖户为散户；肉鸡养殖规模介于 300～1 000 只，定义为小规模养殖，对应养殖户为小规模养殖户；肉鸡养殖规模介于 1 000～10 000 只，定义为中规模养殖，对应养殖户为中规模养殖户；肉鸡规模在 10 000 只以上的，定义为大规模养殖，对应养殖户为大规模养殖户。

2.4.2　肉鸡产业链

肉鸡产业链是包括种鸡培育、雏鸡孵化、饲料加工、肉鸡饲养、药物免疫、屠宰加工、运输贮藏和销售等各个环节。从横向来看，产业链上各环节是养殖企业、养殖户的集合；从纵向来看，包括的是从雏鸡孵化开始一直到鸡肉进入消费者手中的全过程，是一系列的增加价值的活动，最终是满足消费者需求。如图 2-1 所示。

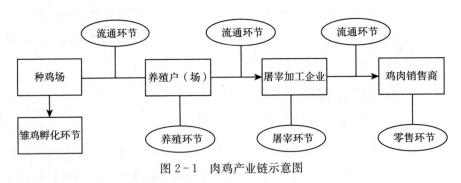

图 2-1　肉鸡产业链示意图

2.4.3　肉鸡生产效率

肉鸡生产效率反映的是我国经济资源在被利用过程中肉鸡产品产出与肉鸡产业投入之间的关系，具体指的是如何用最少的投入实现肉鸡产业最大化的产出。肉鸡产业生产效率指的是将肉鸡生产过程对资源具体利用情况进行抽象化。一般是将生产效率分为单要素生产率或全要素生产率两个方面进行研究，单要素生产率研究资本、劳动力和土地等单一物质要素的投入，而全要素生产率研究不仅包括资本、劳动力等多种物质要素引起肉鸡产量的增长，以及其他非物质要素引起的肉鸡产量增长，全要素生产率能够全面地反映肉鸡产业生产投入所产生的变化（刘瑛，2014）。

本书研究的肉鸡生产效率反映的是肉鸡产业经过产业链方面全过程的最终产出与所有要素投入之间的对比关系，体现肉鸡产业的供给效率，是肉鸡产业供给侧结构性改革的关键部分和主要内容。

2.4.4　肉鸡质量安全

肉鸡质量安全指的是肉鸡产业在生产、储藏、加工、运输以及销售的过程中，满足规格、品质、等级等保障人的健康、安全的要求。安全卫生的鸡肉及制品食品要求：①无有害药物、激素类、抗生素类残留；②无不良气味；③无色泽异常；④来源于非污染环境中生长；⑤无外源性二次污染。禽流感、药物残留和微生物是影响肉鸡质量安全的主要因素。

从影响的因素上讲，我国肉鸡质量安全涉及养殖户基本特征、生产特征、经营特征、认知特征和外部环境特征五个方面；从产业链上讲，肉鸡质量安全关联饲料加工、商品鸡生产、屠宰加工、流通等各个环节，集肉种鸡繁育、饲料加工、商品鸡生产、屠宰加工、熟食品生产、商业连锁经营为一体的综合性。肉鸡产业化是保障肉鸡质量安全、提升肉鸡产业链的核心。肉鸡养殖户作为鸡肉质量的源头控制者，其质量水平直接决定了鸡肉质量水平；鸡肉加工企业以检测为手段对鸡肉质量进行第二道控制，其检测力度对鸡肉质量也起到关键性作用。从目前的鸡肉质量安全状况来看，绝大部分鸡肉质量安全隐患存在于肉鸡养殖与收购加工环节。因此，本研究关注重点是如何提高肉鸡养殖环节的质量水平。

2.4.5　肉鸡产业链利益分配

肉鸡产业链利益分配指的是肉鸡产业链各个环节参与主体之间相互博弈，并最终赢得或获取经济方面的利益而最终形成的利益分配格局，并形成相对比较完善的利益分配格局，这也是我国肉鸡供给侧结构性改革的题中应有之义。此外，随着我国农业农村现代化进程的加快，通过发挥肉鸡龙头企业或领军企业、核心企业的领航作用，进一步引导不同肉鸡产业经营主体之间或者与生产农户之间利益联结。这不仅有利于促进肉鸡产业产业链、供应链、价值链三者的整合，而且有利于肉鸡产业薄弱环节治理，提升肉鸡产业发展的水平和质量，更好地促进肉鸡产业小农户与现代农业相衔接。

在本书研究中主要是针对当前我国肉鸡产业链中雏鸡孵化、肉鸡养殖、肉鸡加工、销售等涉及的几个主要利益主体而言，从而计算出肉种鸡场、养殖户、屠宰加工企业、零售商所获利润占整个肉鸡产业链中的比重来全面衡量肉鸡产业链利益分配的格局。

第三章 我国肉鸡产业发展概况

20 世纪 80 年代，我国肉鸡产业开始起步，经过了 40 多年的发展，已成为畜牧行业中产业化、市场化、规模化和现代化程度相对较高的产业，对于改善消费者膳食结构、农业多样化发展、提高农民收入水平、增加农民就业等方面起到了重要作用。本章对我国雏鸡孵化、肉鸡生产、鸡肉消费、进出口贸易及面临的机遇和问题等进行分析研究。

3.1 我国肉鸡产业的发展阶段及其战略地位

3.1.1 肉鸡产业发展阶段

我国肉鸡产业发展大致可以分为五个阶段：

第一阶段（1961—1978 年）：缓慢增长阶段。这个阶段肉鸡产业在农业中处于补充地位，养殖方式多为满足家庭自给自足，物资生产刚刚起步，社会整体劳动生产力不高，满足温饱问题是这个阶段主要任务。到 1978 年肉鸡存栏量为 8.20 亿只，比 1961 年增加 2.79 亿只，17 年仅增长了 51.57%；出栏量 1978 年为 10 亿只，比 1961 年增加 5.2 亿只，17 年仅增长了 108.33%；1978 年我国肉鸡产量为 107.75 万吨，比 1961 年增加了 59.04 万吨，年均增长率为 4.78%，这个阶段肉鸡产业增长相对较缓，生产率不高，整个市场供不应求、市场供应相对紧张。

第二阶段（1979—1996 年）：快速增长阶段。改革开放后，土地制度改革，经济体制变革，家庭联产承包责任制、市场经济等制度变革使得肉鸡产业在这个阶段进入快速增长阶段。到 1996 年肉鸡存栏量为 34.83 亿只，比 1978 年的 8.20 亿只，增加了 26.63 亿只，18 年增长了 3.25 倍，年均增长率为 8.37%；1996 年肉鸡的出栏量为 45.37 亿只，比 1978 年的 10 亿只，增加了 35.37 亿只，18 年仅增长了 3.5 倍，年均增长率为 8.76%。我国肉鸡产业正在向专业化、标准化、规模化方向迈进，人均鸡肉消费量也由 1978 年的人均不足 1.03 千克，增加到 1996 年的 5.02 千克，较 1978 年增长了近 5 倍。

第三阶段（1997—2009 年）：标准化规模发展阶段，初步形成产业化体系。20 世纪 80 年代以来，国内不少肉鸡养殖公司纷纷引进国外肉鸡养殖标准化生产管理技术，肉鸡产业快速发展，到 1997 年之后，标准化、规模化成为本阶段肉鸡的主要发展方向。在畜牧产业发展中，市场资源约束、生产成本压力、环境保护的制约等多种因素严重影响了我国畜牧业的健康、可持续发展。在此背景下，肉鸡产业的发展方向也由过去的注重产出数量，逐步转变为质量数量并重。肉鸡养殖方式已由传统的农户散养，发展到规模化、专业化、标准化养殖，肉鸡产业链条进一步延伸，不少肉鸡主产省份如广东、山东等地，已初步形成了以大型养殖公司或龙头企业带动养殖户发展肉鸡养殖的产业化发展格局。2009 年我国肉鸡产量达到 1 144.50 万吨，肉鸡存栏量达到 47.02 亿只，与 1996 年相比，分别增长了 530.64 万吨、12.19 亿只。

第四阶段（2009—2015 年）：回落趋稳阶段。2011 年高致病性禽流感重新暴发、2012 年 12 月山西"速成鸡"事件以及 2013 年、2014 年发生的人感染 H7N9 流感疫情等事件的影响，散养户退出养殖行业较多。2012—2014 年鸡肉产量整体呈现减幅趋势，由 1 275.82 万吨降至 1 225.49 万吨，年均下降 4%，增长速度较上一阶段有所减慢。本阶段肉鸡养殖方式逐渐向更加适度的规模经营方式转变，肉鸡的生产集约化和产业化经营程度进一步提高，大中规模养殖场所占比重逐渐提高，生产效益优势逐渐明显。统计显示，2015 年 5 万只以上规模养殖场出栏量占整体的 52.66%，比 2009 年增加 16.66 万只，占整体比重增加 18.58 个百分点。肉鸡养殖场（户）规模逐渐向中大规模发展，小规模养殖场（户）数量约减少 9 个百分点左右。这个阶段我国肉鸡生产维持稳定态势，且向中大规模养殖场倾向趋势。

第五阶段（2015 年以来）：提质增效阶段。2015—2017 年肉鸡产量回升，2017 年肉鸡产量达到 1 328.04 万吨为历年最高。2015 年中央经济工作会议提出农业供给侧结构性改革，加快农业产业提质增效，转变生产方式。农业部《2016 年畜牧业工作要点》中指出，我国畜产品消费已经进入缓慢理性的消费阶段，快速增长的消费阶段已经过去，现阶段的主要矛盾是畜产品增产与增收，加快转型升级、提质增效，增强肉鸡综合生产能力是当前肉鸡产业发展的主要任务。

3.1.2　肉鸡产业战略地位

改革开放四十年以来，我国肉类产业快速发展，产量从 1978 年的 856.3 万吨增长至 2017 年的 8 588.1 万吨，肉鸡占肉类比重也越来越高，由 1978 年的 8.73% 上升到 2017 年的 15.46%。肉鸡产业在我国肉类产业中越来越重要，并且肉鸡产业占畜牧业比重预期会持续增高。从家禽产业的发展角度来看，肉鸡产业在禽肉中的比重为 70%，并且呈现出逐渐上升的发展态势，从而导致肉鸡占肉类比重逐年上升。如表 3-1 所示，1978 年我国禽肉在整个肉类行业中的比重大约为 14%，发展到 1985 年占比大约为 8% 左右，2000 年之后小幅回升到 20% 的水平，2010 年之后稳定在 22% 左右。2017 年，我国家禽行业整体发展态势呈现"效益下降、量减价低"的态势，主要肉鸡产品产量均有所下降。

表 3-1　我国鸡肉产量占禽肉和肉类中的比重

单位：万吨，%

年份	肉类总产量	禽类总产量	鸡肉占肉类比重	禽类占肉类比重
1978	856.3	—	8.73	—
1980	1 205.4	—	6.88	—
1985	1 926.5	160.2	5.86	8.32
1990	2 857.0	322.9	7.91	11.30
1995	4 076.4	724.3	12.44	17.77
2000	6 013.9	1 191.1	13.86	19.81
2005	6 938.9	1 344.2	13.56	19.37

（续）

年份	肉类总产量	禽类总产量	鸡肉占肉类比重	禽类占肉类比重
2006	7 089.0	1 363.1	13.46	19.23
2007	6 865.7	1 447.6	14.76	21.08
2008	7 278.7	1 533.6	14.75	21.07
2009	7 649.7	1 594.9	14.59	20.85
2010	7 925.8	1 656.1	14.63	20.90
2011	7 957.8	1 708.8	15.03	21.47
2012	8 387.2	1 822.6	15.21	21.73
2013	8 535.0	1 798.4	14.75	21.07
2014	8 706.7	1 750.7	14.08	20.11
2015	8 625.0	1 826.3	14.82	21.17
2016	8 537.8	1 888.2	15.48	22.12
2017	8 588.1	1 897.2	15.46	22.09

资料来源：《中国畜牧业年鉴》。

我国肉鸡产值占畜牧业产值与农林牧渔业产值比重相对比较稳定。依据《中国畜牧业年鉴》《中国农业统计年鉴》，2016 年肉鸡产值 2 616.81 亿元，当年畜牧业产值、农林牧渔业产值分别为 31 703.2 亿元、112 091.3 亿元，肉鸡产值占畜牧业产值、农林牧渔业产值比重分别为 8.25%、2.33%，比 2016 年稍有降低。迄今为止，我国肉鸡业产值占畜牧业比重大致保持在 10% 左右，占农林牧渔业总产值的比重基本保持在 3% 左右，个别年份还超过 3.5%（表 3-2）。

表 3-2　我国肉鸡产业在畜牧业和农业的地位

年份	肉鸡业产值（亿元）	畜牧业产值（亿元）	农林牧渔产值（亿元）	鸡肉产值占畜牧业比重（%）	鸡肉产值占农林牧渔业比重（%）
1978	98.68	209.3	1 397	8.86	1.98
1980	168.76	354.2	1 922.6	8.98	2.2
1985	186.73	798.3	3 619.5	9.68	2.58
1990	205.19	1 967	7 662.1	10.45	2.68
1995	721.59	6 045	20 340.9	11.94	3.55

（续）

年份	肉鸡业产值（亿元）	畜牧业产值（亿元）	农林牧渔产值（亿元）	鸡肉产值占畜牧业比重（%）	鸡肉产值占农林牧渔业比重（%）
2000	829.73	7 393.1	24 915.8	11.22	3.33
2005	1 027.27	13 310.8	39 450.9	7.72	2.6
2006	1 197.89	12 083.9	40 810.8	9.91	2.94
2007	1 443.34	16 124.9	48 893	8.95	2.95
2008	1 711.23	20 583.6	58 002.2	8.31	2.95
2009	1 737.32	19 468.4	60 361	8.92	2.88
2010	1 999.93	20 825.7	69 319.8	9.60	2.89
2011	2 225.7	25 770.7	81 303.9	8.64	2.74
2012	2 478.38	27 189.4	89 453	9.12	2.77
2013	2 377.27	28 435.5	96 995.3	8.36	2.45
2014	2 568.86	28 956.3	102 226.1	8.78	2.56
2015	2 650.65	29 780.4	107 056.4	9.09	2.78
2016	2 616.81	31 703.2	112 091.3	8.25	2.33

资料来源：《中国农业年鉴》。

3.2　肉鸡生产现状

3.2.1　种鸡规模逐渐趋稳

"十二五"以来，我国肉种鸡规模持续高位，直到 2013 年国内 H7N9 流感疫情多次出现致使中国肉鸡产业发展受挫，以及 2014 年国际禽流感持续暴发导致白羽肉鸡引种受阻，种鸡规模逐渐下降并趋于稳定。

1. 白羽肉鸡

由表 3-3 所示，2015—2017 年我国白羽肉鸡进口数量、进口金额大幅下降，主要是受到 2014 年 11 月的国际禽流感暴发影响，一定程度上缓解了肉鸡产业扩张导致的产能过剩问题。由于我国祖代肉种鸡自 2017 年可以开展国内自主供种，祖代肉种鸡更新总量远远超过上一年同期，我国逐渐重视肉鸡种源自主供应问题。2017 年我国祖代肉种鸡更新总量达到 68.71 万套，比 2016 年提高 7.3%；在产存栏数为 79.4 万套，后备存栏数为 40.2 万套；父母代种鸡供应相对比较稳定，平均规模数为 4 148.3 万套，其中，在产存栏数为 2 929.0 万套，相比 2016 年下降 5.9%，这与 2017 年我国市场需求下降有关。总体来看，我国祖代种鸡、父母代种鸡在产存栏可以保持均衡供给，种源供应也没有问题。

表 3-3 2010—2017 年我国白羽祖代肉种鸡国外引种数量

年份	进口数量（万套）	进口金额（万美元）
2010	96.95	3 138.30
2011	118.18	4 224.92
2012	138.20	4 261.01
2013	154.16	5 070.03
2014	118.08	3 815.55
2015	72.02	2 196.32
2016	63.86	2 895.92
2017	48.33	1 865.32

数据来源：2017 年中国农业产业发展报告。

哈伯德品种市场占有率大幅提高。2017 年，更新的祖代白羽种鸡共有四个品种，主要为哈伯德、AA＋、科宝艾维茵以及罗斯 308。2017 年，哈伯德更新了 23.88 万套，占全部更新量的 34.75%，比重提高 21.03 个百分点；AA＋更新 21.13 万套，占全部更新量的 30.75%，比重与 2016 年基本持平；科宝艾维茵更新 11.22 万套，占全部更新量的 16.33%，比重降低 3.94 个百分点；罗斯 308 更新 12.48 万套，占全部更新量的 18.16%，比重降低 18.04 个百分点。2014 年及以前多年，祖代白羽种鸡引进量 AA＋第一，罗斯 308 第二，科宝艾维茵第三的格局长期保持稳定，2015 年由于科宝艾维茵只引进了一批，因此品种格局发生了较大的改变。但随着新的供种来源地供种规模的增加，2014 年以前的格局在 2016 年得以一定程度恢复。随着哈伯德曾祖代的引进和国际育种公司在中国市场深入布局，2017 年白羽肉鸡品种的分布出现明显的调整，主要体现为哈伯德所占份额增加，罗斯 308 以及科宝艾维茵所占份额减少，白羽种鸡市场占有率哈伯德第一（表 3-4）。

表 3-4　2005—2017 年我国白羽祖代肉种鸡引进或者更新数量

单位：万套

年份	AA+	罗斯 308	科宝艾维茵	哈伯德	合计
2005	26.49	9.50	12.00	2.80	50.79
2006	26.80	11.72	9.17	1.80	49.49
2007	33.11	18.55	15.81	0.60	68.07
2008	34.12	27.85	16.62	0.00	78.59
2009	38.47	33.05	22.08	0.00	93.60
2010	47.86	32.37	16.72	0.00	96.95
2011	64.62	31.20	22.20	0.16	118.18
2012	77.45	36.35	21.40	3.00	138.20
2013	70.39	62.17	18.60	3.00	154.16
2014	51.76	47.42	16.20	2.70	118.08
2015	25.54	30.10	1.50	14.88	72.02
2016	19.33	23.48	13.15	8.90	64.86
2017	21.13	12.48	11.22	23.88	68.71

数据来源：2017 年中国禽业发展报告。

2. 黄羽肉鸡

H7N9 疫情、肉鸡产业产能扩张速度过快，一定程度上冲击了我国肉鸡产业的发展，特别是黄羽肉鸡影响较大。近年来，各地不同程度上发生了肉鸡产业滞销、减产、亏损等问题，黄羽祖代肉鸡存栏水平有所降低。2017 年我国在产的黄羽祖代种鸡平均存栏数大致在 121.0 万套，在产父母代种鸡平均存栏量大致在 3 491.5 万套，和以往年份相比，总体呈现出逐渐减少的发展趋势。当前，我国黄羽肉鸡行业生产总体呈现出以下特点：一是祖代、父母代种鸡存栏减少，但供种能力依然充足；二是祖代种鸡产能利用率提高，父母代雏鸡销售量增加，商品代雏鸡量价齐减，但依然可以盈利；三是黄羽肉种鸡出栏数量和产肉量均有所减少，但生产相对稳定。

3.2.2　肉鸡生产水平大幅提升

规模化、集约化、专业化、产业化的肉鸡养殖方式取代了传统的散养模式，我国肉鸡存栏量、出栏量和产量保持着稳定的增长趋势。1978 年，我国肉鸡存栏量、出栏量和肉鸡产量分别为 7.79 亿只、8.94 亿只和 89.38 万吨，到 2017 年分别达到 44.63 亿只、85.30 亿只和 1 208.53 万吨，年均增速分别为 4.57%、5.95% 和 6.90%。1978—2010 年，我国肉鸡生产一直呈现总体持续上升的趋势，由于受政策、成本等多重因素叠加影响，导致肉鸡生产受挫。进入"十二五"后，中国肉鸡生产呈现"M"形波动（表 3-5）。

表 3-5　1995—2017 年我国肉鸡存栏量与出栏量

单位：亿只

年份	存栏量	出栏量
1995	28.76	44.11
2000	34.22	62.00
2005	37.33	69.00
2006	33.86	68.36
2007	35.13	73.32
2008	36.97	78.00
2009	37.31	81.30
2010	37.47	84.32
2011	38.88	86.80
2012	38.88	93.00
2013	39.99	91.19
2014	40.45	88.40
2015	41.07	92.30
2016	40.65	92.30
2017	44.63	85.30

数据来源：历年《中国畜牧业年鉴》《中国畜牧业统计》。

如图 3-1 所示，1980—2017 年，我国肉鸡产量整体呈现出不断增长的发展态势，但是增长速度有所下降，肉鸡产业发展也呈现"先快后稳"的发展特征。2017 年，我国肉鸡产量达到 1 208.53 万吨，而 1978 年我国肉鸡的产量仅为 89.38 万吨，年均增长率为 6.90% 左右，而同期，我国肉类的年均增长速度为 5.62%，这说明我国肉鸡产量的增长速度远远高于肉类的整体增长。1980—2017 年肉鸡产量在个别年份表现出波动性，1995 年首次出现负增长，比上一年下降 4.1%。此外，2001 年以来，我国肉鸡产量增速开始放缓，并呈现小幅度回落的趋势，直到 2015 年才又开始继续缓慢增长。

图 3-1　1980—2017 年我国肉鸡产量和出栏量情况

3.2.3　规模化程度显著提高

1978 年以前，我国肉鸡养殖多为家庭散养，主要也是供各个农民家庭自给自足。改革开放后，工厂化肉鸡生产取代了家庭散养的生产方式，肉鸡产业发展逐步向标准化、集约化、规模化和产业化方向发展。2007 年以来，我国肉鸡产业养殖规模不断提升，生产管理专业化程度不断增加，2007—2017 年我国肉鸡规模化养殖出栏数量占肉鸡总出栏数量的比重稳步上升，并且呈现向中大规模养殖的发展趋势。年出栏 2 000～9 999 只规模的肉鸡养殖场，2007 年有 388 233 个，占肉鸡养殖场的比重为 72.98%，2017 年 2 000～9 999 只规模的养殖场变为 175 042 个，占肉鸡养殖场的比重为 59.93%，下降了约 13%。而年出栏 10 000 只以上的养殖场个数和比重不断增加，年出栏 10 000～49 999 只的中规模肉鸡养殖场，2007 年有 131 087 个，占肉鸡养殖场的比重为 24.64%，2017 年 10 000～49 999 只的中规模肉鸡养殖场变为 89 023 个，占肉鸡养殖场的比重为 30.48%，低于 2016 年的 121 433 个（33.20%）。出栏肉鸡 5 万只以上的大规模场数提升速度更快，2007 年出栏量为 50 000～99 999、100 000～

499 999、500 000～999 999、大于 100 万只规模的养殖场 10 204 个（1.82%）、2 126 个（0.40%）、192 个（0.04%）、128 个（0.02%），2017 年数量上升至 18 533 个（6.35%）、7 532 个（2.58%）、997 个（0.34%）、953 个（0.33%），中大型规模肉鸡饲养，逐步成为我国肉鸡规模饲养的主要模式（表 3-6）。

表 3-6　我国肉鸡规模化养殖场个数分布及比重

单位：只，个，%

年份	2 000～9 999	10 000～49 999	50 000～99 999	100 000～499 999	500 000～999 999	100 万以上	合计
2007	388 233 (72.98)	131 087 (24.64)	10 204 (1.82)	2 126 (0.40)	192 (0.04)	128 (0.02)	531 970
2008	358 688 (70.19)	136 833 (26.78)	12 405 (2.43)	2 623 (0.51)	344 (0.07)	147 (0.03)	511 040
2009	348 327 (66.70)	155 017 (29.68)	14 802 (2.93)	3 531 (0.68)	369 (0.07)	202 (0.04)	522 248
2010	330 819 (64.81)	157 022 (30.76)	17 024 (3.34)	4 843 (0.95)	499 (0.10)	252 (0.05)	510 459
2011	335 422 (64.44)	159 237 (30.59)	19 274 (3.70)	5 605 (1.08)	701 (0.13)	309 (0.06)	520 548
2012	298 571 (62.35)	152 900 (31.93)	19 731 (4.12)	6 362 (1.33)	897 (0.19)	372 (0.08)	478 833
2013	280 290 (62.41)	140 772 (31.34)	20 061 (4.47)	6 644 (1.48)	911 (0.2)	449 (0.1)	449 127
2014	258 379 (61.41)	132 780 (31.56)	21 183 (5.03)	6 911 (1.64)	912 (0.22)	564 (0.13)	420 729
2015	240 841 (59.76)	134 246 (33.31)	19 532 (4.85)	6 695 (1.66)	931 (0.23)	789 (0.20)	483 276
2016	214 150 (58.54)	121 433 (33.20)	20 940 (5.72)	7 419 (2.03)	938 (0.26)	928 (0.25)	365 808
2017	175 042 (59.93)	89 023 (30.48)	18 533 (6.35)	7 532 (2.58)	997 (0.34)	953 (0.33)	292 080

数据来源：历年《中国畜牧业统计》，其中，括号内数据是规模化养殖场结构比重。

我国肉鸡规模化养殖场肉鸡出栏结构分布见表3-7。

表3-7　我国肉鸡规模化养殖场肉鸡出栏结构分布

单位：%

年份	2 000～ 9 999	10 000～ 49 999	50 000～ 99 999	100 000～ 499 999	500 000～ 999 999	100 万 以上	合计
2007	25.07	33.08	9.18	5.99	1.85	4.94	80.12
2008	22.27	33.66	10.38	6.39	2.77	6.17	81.64
2009	20.45	35.32	10.88	7.76	2.68	7.52	84.61
2010	17.81	34.70	11.44	9.82	3.40	8.55	85.73
2011	16.80	32.74	12.01	10.49	4.45	9.60	86.09
2012	14.90	30.30	12.30	11.60	5.50	10.80	85.40
2013	13.70	29.60	12.60	12.10	5.60	12.00	85.60
2014	12.40	28.60	12.90	12.60	5.60	13.60	85.70
2015	11.60	29.30	12.10	11.80	5.80	15.80	86.40
2016	10.40	27.00	13.20	13.00	6.00	17.40	87.00
2017	9.40	22.40	13.10	15.10	7.10	21.00	88.10

当前，我国家禽生产工厂化大大地满足了消费者日益增长的物质和食物消费需求，极大地丰富了我国大中城市"菜篮子"市场，伴随肉鸡生产规模化程度不断提高，肉鸡养殖产业不断成熟，中大规模肉鸡养殖方式的优势不断凸显，管理专业化程度不断提升，规模化养殖的肉鸡占肉鸡总出栏数量比重不断增加，由2007年的80%增加至2017年的88%，2017年出栏肉鸡5万只以上的大规模养殖场占整体的63.90%，并且大规模养殖在肉鸡产业发展中逐渐成为主要的养殖模式（图3-2）。

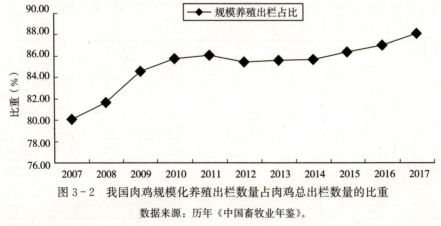

图3-2　我国肉鸡规模化养殖出栏数量占肉鸡总出栏数量的比重

数据来源：历年《中国畜牧业年鉴》。

3.2.4 生产区域进一步集中

我国肉鸡饲养区域十分广泛，除西藏、甘肃、青海等地肉鸡饲养量相对较少外，其他省市区均有不同规模的肉鸡养殖，肉鸡养殖主要集中在华北、华南、东北和华中等地区。2017 年，我国肉鸡产量排名前八位的省份分别为山东（14.8%）、辽宁（8.7%）、广东（7.1%）、广西（7.1%）、安徽（6.7%）、河南（6.7%）、江苏（5.8%）、四川（5.2%）。这八个省份肉鸡生产比重占全国总产量的 62.1%。1985—1995 年我国肉鸡产量增长最快，在十年间肉鸡产业格局也发生了明显的变动。1985 年，肉鸡生产排名前八的省份为广东（19.3%）、江苏（12.7%）、四川（10.0%）、安徽（9.4%）、广西（6.4%）、湖南（5.8%）、山东（5.2%），1995 年山东（20.9%）取代广东（11.8%）成为中国最大肉鸡生产省份，辽宁（5.0%）挤入前五名，自此之后肉鸡生产排名基本保持比较稳定的格局，形成了山东（14.8%）、河南（6.7%）、辽宁（8.7%）的华北主产区，安徽（6.7%）、四川（5.2%）为主的华中主产区，广东（7.1%）、广西（7.1%）、江苏（5.8%）为主的华南主产区。部分非主产区作为肉鸡生产的新生力量，近些年增长速度较快，成为肉鸡产业持续增长的重要支点。2014—2017 年山东、辽宁、广东、广西依然保持较高的生产优势，福建肉鸡产量上升速度最快，占全国肉鸡总产量比重由 2014 年的 3.1% 上升到 2017 年的 4.8%，增长了 1.7 个百分点（表 3 - 8）。

表 3 - 8　1985—2017 年中国鸡肉主产省产量占全国肉鸡产量比重情况

单位：%

年份	地区比重
1985	广东（19.3）、江苏（12.7）、四川（10.0）、安徽（9.4）、广西（6.4）、湖南（5.8）、山东（5.2）
1990	广东（16.7）、江苏（10.8）、四川（10.2）、山东（9.3）、安徽（6.5）
1995	山东（20.9）、广东（11.8）、江苏（9.0）、四川（7.3）、辽宁（5.0）
2000	山东（13.9）、广东（9.0）、四川（8.5）、江苏（8.0）、吉林（6.7）、辽宁（6.3）、河北（6.1）、安徽（5.7）
2005	山东（17.7）、广东（7.8）、江苏（7.1）、辽宁（7.0）、河北（6.8）、吉林（6.3）、四川（6.3）、河南（6.0）、安徽（5.0）

（续）

年份	地区比重
2010	山东（14.4）、广东（9.2）、江苏（8.0）、广西（7.5）、辽宁（7.4）、四川（7.0）、河南（6.4）、安徽（6.3）
2011	山东（14.9）、广东（8.8）、江苏（8.1）、广西（7.5）、辽宁（7.3）、四川（7.0）、河南（6.5）、安徽（6.4）
2012	山东（15.1）、广东（8.4）、江苏（8.0）、广西（7.5）、辽宁（7.2）、河南（6.7）、安徽（6.3）、四川（5.1）
2013	山东（14.9）、广东（8.0）、江苏（7.3）、广西（7.5）、辽宁（7.1）、河南（6.8）、安徽（6.5）、四川（5.3）
2014	山东（14.2）、广东（7.5）、江苏（7.2）、广西（7.3）、辽宁（7.5）、河南（6.7）、安徽（6.5）、四川（5.6）
2015	山东（14.2）、广东（7.4）、江苏（6.7）、广西（7.3）、辽宁（8.1）、河南（6.6）、安徽（6.9）、四川（5.5）
2016	山东（14.6）、广东（7.2）、江苏（6.3）、广西（7.1）、辽宁（8.3）、河南（6.5）、安徽（7.0）、四川（5.4）
2017	山东（14.8）、广东（7.1）、江苏（5.8）、广西（7.1）、辽宁（8.7）、河南（6.7）、安徽（6.7）、四川（5.2）

数据来源：根据历年《中国畜牧统计年鉴》计算。

3.3 肉鸡消费情况

鸡肉制品在我国膳食结构中一直占有着重要的地位，是居民消费中不可缺少的部分。在畜产品行业消费中，鸡肉是我国第二大肉类消费农产品。长期以来，我国一直处于食物供给短缺或者供需紧平衡状况，国家统计局和政府关注的焦点多集中在生产环节，农产品消费仅进行大类目的消费统计，即关于肉类消费的数据进行官方统计，再细分家禽、家畜等项目，但是并没有将肉鸡作为一个单独的项目进行统计，仅统计了家禽大类的消费情况，而测算肉鸡消费一般采用两种方法，第一种方法是食物平衡法，即人均肉鸡消费量＝全国肉鸡总消费量÷全国总人口＝（当年全国肉鸡总产量＋肉鸡净进口数量）÷全国总人口，这种方法没有考虑到库存、损耗等。第二种方法，依据国家统计局数据，一般将家禽人均消费量的70%作为肉鸡人均消费量。在对我国肉鸡产品消费总量及历史趋势进行分析时，为了能够客观反映包括户外消费在内的城乡居民户内外消费总量，我们将采用第一种方法；在对肉类消费结构，以及城乡居民肉鸡产品消费的差异和区域特征进行分析时，为了能够获取统计口径相一致的对应数据，我们采用第二种方法，这种方法虽然没有能够包括城乡居民户外消费量，但其也能够很好地为我们提供比例、差异等分析方面的趋势判断。

3.3.1 人均鸡肉消费水平快速增长

改革开放前，我国社会整体消费水平低迷，在此背景下，肉鸡生产、消费均受到一定的影响，鸡肉人均消费量不足 1 千克。改革开放后，土地制度改革、经济体制变革、家庭联产承包责任制、市场经济等制度变革，使得肉鸡产业快速增长。1978 年肉鸡总消费量仅为 84.04 万吨，肉鸡人均消费量为 0.87 千克。随着经济体制改革，肉鸡生产、消费均呈现增长趋势，尤其是消费量，到 2017 年，全国鸡肉总消费量达到 1 287.17 万吨，人均鸡肉消费量达到 9.46 千克。随着城镇化加快，居民消费水平膳食结构的改善，必将导致鸡肉消费需求在未来仍然呈现不断扩大趋势。从另一个角度考虑，与世界其他发达国家相比，我国肉鸡人均消费水平还处于较低标准。2017 年美国、巴西肉鸡人均消费量在 40 千克左右，并且其国内肉鸡消费量远远超过牛肉、猪肉消费量，成为其国内人均消费水平最大的畜产品，相比而言，我国肉鸡消费量仅为人均 10 千克，与美国、巴西还有较大差距，增加优质肉鸡供给仍然是未来肉鸡产业的重点（图 3-3）。

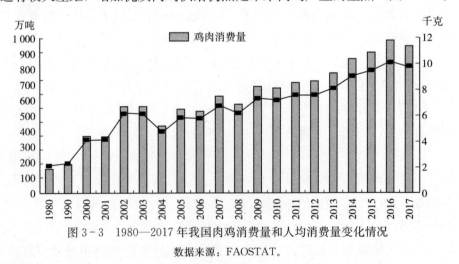

图 3-3 1980—2017 年我国肉鸡消费量和人均消费量变化情况

数据来源：FAOSTAT。

3.3.2 城乡居民消费差异较大

当前，城镇居民是我国肉鸡消费的主要人群，比重大约占城乡居民鸡肉消费总量的70%，其中，农村居民消费占比不到30%。1978年城镇居民人均鸡肉消费量为0.97千克，农村居民人均肉鸡消费量为0.21千克，到2012年我国城镇居民人均鸡肉消费量增长为7.53千克，农村居民人均肉鸡消费量增长到3.14千克。1978—2012年农村居民人均肉鸡消费年均增长速度达到8.68%，高于城镇居民人均鸡肉消费年均增长速度6.20%；城乡居民的相对差距由1978年的4.63倍减少到2.39倍。虽然，这期间城乡居民鸡肉消费相对差距在缩小，但绝对差距却在扩大。城乡居民鸡肉消费的绝对差距由0.76千克扩大到4.38千克。2017年城乡居民人均鸡肉消费差距从2011年的8.16千克缩小到2.53千克。差距缩小的主要原因是，近几年，由于受H7N9流感疫情、食品安全事件以及宏观经济增速放缓等外界因素对我国城镇居民鸡肉消费影响较为显著（图3-4）。

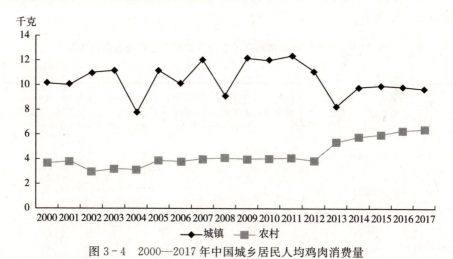

图3-4 2000—2017年中国城乡居民人均鸡肉消费量

3.4 肉鸡进出口贸易情况

3.4.1 肉鸡进出口在世界贸易中占重要地位

肉鸡产品进出口在我国肉类出口中占有举足轻重的地位。利用肉类产品的国际贸易金额进行计算，20 世纪 90 年代以前，我国肉鸡产品出口占肉类产品总出口比重基本维持在 20％左右水平，变动幅度不大；进入 90 年代，迅速上升；2000 年达到最高点的 69.59％，之后虽然连年下降，特别是禽流感冲击下，2004 年降至谷底，为 38.45％；2004 年以后，又逐步回升；到 2010 年，比重又超过 50％；但是，2010 年以后，迅速下降，2012 年降至 32.71％。虽然肉鸡产品进口占我国肉类进口比重的变化经历了几次大的起伏，但我国肉鸡产品进口在肉类产品总进口中一直占有重要比重。我国肉鸡产品进口占肉类产品总进口比重，1982—1985 年处于一个迅速上升的阶段，从 1982 年的 16.67％上升到 1985 年的 34.75％，1986 年急速跌至 27.51％，1987 年开始肉鸡产品进口占我国肉类进口比重又开始上升，1987—2003 年，鸡肉制品和鸡肉进口量占我国进口总额比重一直在 50％以上，虽然 2004 年受到禽流感冲击，降至 31.36％，但之后又有所回升，一直维持在 40％以上。肉鸡进口数量与金额占世界肉鸡进口量维持在 10％以上，出口量与金额占世界比重相对较低，近几年维持在 5％以上。

表 3-9　我国进出口肉鸡产品占世界肉鸡产品总进出口的比重

单位：％

年份	我国进口肉鸡数量占世界进口总量比	我国出口肉鸡数量占世界出口总量比	我国进口肉鸡总额占世界进口总额比	我国出口肉鸡总额占世界出口总额比
1978	5.72	3.97	4.25	3.79
1980	5.15	3.41	3.71	3.64
1985	5.72	1.19	4.69	1.27
1990	10.72	5.06	6.66	4.43
1995	21.56	12.70	12.77	14.30
2000	30.54	16.90	19.26	16.43
2005	12.19	3.66	8.79	2.98
2006	15.08	4.45	11.05	4.06
2007	16.42	4.88	13.85	4.47
2008	16.71	4.93	13.09	4.29
2009	17.03	5.52	14.36	5.13
2010	15.68	7.41	14.17	6.37
2011	14.74	7.50	12.46	5.87

（续）

年份	我国进口肉鸡数量占 世界进口总量比	我国出口肉鸡数量占 世界出口总量比	我国进口肉鸡总额占 世界进口总额比	我国出口肉鸡总额占 世界出口总额比
2012	12.70	5.71	10.78	4.50
2013	12.27	5.28	10.02	4.30
2014	11.70	6.04	10.77	5.18
2015	10.58	5.79	10.83	6.03
2016	11.99	5.36	13.25	6.26

数据来源：FAOSTAT。

3.4.2　贸易量逆差较大

20世纪80年代中期以前，我国鸡肉进口量总体相对较低，年进口量不足5 000吨。从1986年开始，呈现出明显的增长态势，虽然有个别年份缩减，但是总体呈现出增长的态势，直到2000年前我国肉鸡进口量保持相对稳定。从2000年开始，我国肉鸡进口量大幅增加，肉鸡产品的进口量开始超过肉鸡出口量，我国肉鸡产品贸易逆差逐步成为常态。

总体来看，我国肉鸡产品的进口数量总体上保持在较高水平，1999—2000年及2007—2009年肉鸡进口量均超过70万吨。尽管我国肉鸡产品进口量占世界肉鸡产品进口量的比重存在一定的频繁波动，我国肉鸡产品进口量占世界肉鸡产品进口量的比重从20世纪80年代的不到0.5%增加到1999年超过12%，虽然之后有所下降，但2010年之前，除2004年、2005年外都保持在5%以上。其中，2004年和2005年由于受世界禽流感影响，我国的进口量有所减少；2010年之后由于我国对进口美国鸡肉实行反倾销、反补贴，进口量相对减少。我国肉鸡产品进口量占国内肉鸡总产品产量的比重呈现出持续增长的发展趋势。2000年以前，我国肉鸡进口数量占国内肉鸡产量的比重一直不高，1999年我国肉鸡进口数量占国内肉鸡产量的比重迅速增长，从1998年的2.62%迅速提高到10.09%，之后所有波动，但大都保持在5%以上的水平；而2010年之后这一比重持续下降。根据我国海关数据，2017年我国肉鸡进口额102 825.63万美元，出口额145 664.71万美元，出口额首次超过进口额，实现了贸易顺差。

3.4.3 进出口结构差异明显

改革开放以来，我国肉鸡产品进出口量有所增长，但总体上出口量低于进口数量，2018 年排名世界第 10 位。20 世纪 90 年代，我国肉鸡进出口一直处于低水平徘徊，进口数量、出口数量均不足 10 万吨。90 年代后鸡肉产品出口量快速增长，2001 年达到最高水平 54.47 万吨，进口数量也达到最高水平 80 万吨，2018 年进出口数量基本保持平衡，约 47 万吨，1998 年、2004 年、2011 年、2015 年受国际市场宏观经济和国际畜禽疫病等因素的影响，肉鸡进出口量出现短暂下降，肉鸡产品出口量占国内产量的比重虽有波动，但基本上保持在 3%～7%。我国肉鸡产品出口量占世界肉鸡产品总的出口量份额相对不高（图 3-5）。

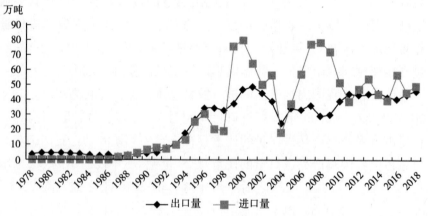

图 3-5 1978—2018 年我国肉鸡进出口量走势图

数据来源：中国海关。

肉鸡产品出口方面，出口产品结构在不同年份虽有变动，但冻鸡块、肉鸡加工品一直是中国肉鸡出口的主要产品。2017 年其他制作或保藏的鸡腿肉所占比重最大，占肉鸡出口总量的 27.71%，其他冻鸡块，占比为 23.73%。肉鸡产品进口方面，2005 年以前我国肉鸡进口主要以冻鸡块、鸡杂碎等为主，从 2005 年起，主要以冻鸡爪为主。2017 年，冻鸡翼（不包括翼尖）所占比重最大，占肉鸡进口总量的 3.37%，其次是冻鸡爪，占比 31.05%。

3.5 肉鸡产业面临的挑战和问题

3.5.1 肉鸡产业面临的挑战

1. H7N9 疫情冲击肉鸡产业发展

养殖业最大的风险因素是畜禽疫病。2013—2014 年由人感染引发的 H7N9 流感疫情给我国家禽产业带来巨大影响，给养殖业带来了巨大的损失，2015—2016 年疫情得到控制，对养殖业造成的影响逐渐消退，肉鸡产量产值逐渐恢复正轨，但在肉鸡产业恢复期 2017 年 H7N9 疫情再次出现，肉鸡产业继续下滑，再次处于低迷期。H7N9 疫情冲击肉鸡产业发展主要表现在两个方面。一是疫病疫情出现影响了国内市场消费，肉鸡消费处于低迷状态，肉鸡大量减少存栏，导致疫病疫情期间肉鸡大量减产；二是主流媒体夸大报道，将 H7N9 等流感病毒仍旧以"禽流感"之名进行宣传报道，广大消费者不明情况，人云亦云，对禽类消费莫名恐慌，从而加深对产业的打击，影响整个产业的发展。此外，由于 H7N9 疫情的不可预测、不可确定性，使其成为整个畜禽业最大的风险。

2. 肉鸡养殖场经营受到环境影响

自 2014 年开始，随着《畜禽规模养殖污染防治条例》《环保法》《水污染的防治行动计划》等一系列法律法规印发，我国畜牧业快速发展带来的负外部性逐渐开始被相关部门管理、控制，并且划分了禁养区，加大了对违规养殖场的查处力度。改革开放以来，我国对化肥、农药、种子等农业生产资料进行了补贴支持，但是对于有机肥、畜禽粪便转化成有机肥的支持力度不足，致使畜禽生产者对于畜禽废弃物转化利用率低，不利于环境保护，多数种植业者宁愿选择化肥生产，也不愿意选择对土壤环境更加有利的畜禽有机肥。市场需求和政策支持不足，导致畜禽废弃物转化利用率相对较低，也在一定程度上缩减了畜禽养殖者的利益，压缩了其利润空间。

3. 肉鸡产品消费结构性不平衡影响肉鸡产业发展

伴随着我国城乡居民收入水平的提高，国民消费观念也开始转变，消费需求从追求数量转变为追求质量，但是农产品供给方提供的产品明显还没有跟上消费市场的转变，肉鸡产品高端高质量供给存在不足，绿色养殖等肉鸡产品供不应求，并且存在以假乱真、市场混乱的情况。在保障肉鸡食品安全、质量安全和绿色优质品牌等方面，总体供给仍然不足，也影响了肉鸡消费市场，造成结构性不平衡。此外，肉鸡产业容易受到国内外经济宏观形势的影响，如国际经济危机、国内生产总值增速放缓等因素，最主要的是 H7N9 疫情冲击，都影响着国内肉鸡消费，一定程度上阻碍了肉鸡产业发展。因此，提供优质安全的肉鸡产品是未来肉鸡产业的发展方向。

3.5.2　肉鸡产业面临的问题

1. 肉鸡生产成本上涨较快

2000 年以来，随着用工成本、用地成本及环保压力加大等因素影响，我国肉鸡生产成本年年攀升。根据历年《全国农产品成本收益资料汇编》，我国小规模、中规模、大规模每百只肉鸡平均生产成本由 2004 年的 1 621.31 元、1 476.34 元、1 369.01 元增长到 2017 年的 2 612.53 元、2 437.67 元、2 420.09 元，分别增长了 62.03%、65.11%、76.77%。其中，小规模、中规模、大规模每百只肉鸡平均人工成本由 2004 年 102.12 元、81.54 元、44.49 元增长至 2017 年的 367.55 元、240.99 元、104.79 元，增长了 3 倍多或接近 3 倍；小规模、中规模、大规模每百只肉鸡平均精饲料费用由 2004 年 1 137.70 元、1 049.08 元、972.73 元增长至 2017 年的 1 774.92 元、1 626.82 元、1 707.99 元，分别增长了 56.00%、55.07%、75.58%；小规模、中规模、大规模每百只肉鸡平均燃料动力费用由 2004 年 24.86 元、22.41 元、25.01 元增长至 2017 年的 41.84 元、34.47 元、38.27 元，分别增长了 68.30%、53.81%、53.01%；小规模、中规模、大规模每百只肉鸡平均医疗防疫费用由 2004 年 43.41 元、48.48 元、50.81 元增长至 2017 年的 71.08 元、82.54 元、85.50 元，分别增长了 63.74%、70.25%、68.27%。相比于每百只肉鸡生产成本、人工成本等而言，每百只肉鸡主产品产量、主产品产值的增长幅度相对较小，其中，2004 年小规模、中规模、大规模每百只肉鸡主产品产量为 229.10 千克、225.80 千克、192.30 千克，发展到 2017 年每百只肉鸡主产品产量为 244.53 千克、226.18 千克、219.77 千克，仅增长了 6.73%、0.16%、14.28%；2004 年小规模、中规模、大规模每百只肉鸡主产品产值为 1 956.13 元、1 734.65 元、1 518.60 元，到 2017 年，其相应值分别为 2 570.98 元、2 586.64 元、2 589.17 元，分别增长了 31.43%、49.11%、70.49%。肉鸡养殖人工成本、用地成本等居高不下，对整个肉鸡产业发展影响较大，部分准备进入肉鸡养殖行业的企业或个人，因过高的生产成本而徘徊；不少正在从事肉鸡养殖的企业，因过高的生产成本而正在考虑是否退出肉鸡养殖行业。今后一段时间，肉鸡产业面临着生产成本上涨的压力会更大，如何在现有情况下，通过技术改进或减少兽药投入等其他手段以进一步降低肉鸡生产成本，值得认真思考研究。

2004—2017 年，我国小规模、中规模、大规模肉鸡每百只生产成本走势情况见图 3-6。

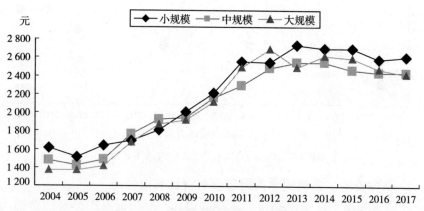

图 3-6 2004—2017 年我国不同规模肉鸡每百只生产总成本走势图

数据来源：历年《全国农产品成本收益资料汇编》。

2004—2017 年，我国小规模、中规模、大规模肉鸡每百只人工成本走势情况见图 3-7。

2004—2017 年，我国小规模、中规模、大规模肉鸡每百只医疗防疫费用情况见图 3-8。

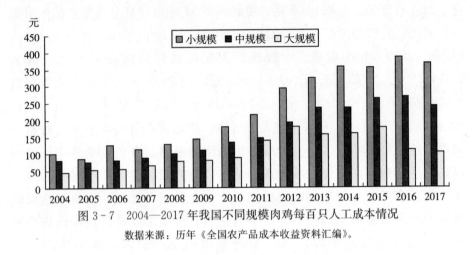

图 3-7　2004—2017 年我国不同规模肉鸡每百只人工成本情况

数据来源：历年《全国农产品成本收益资料汇编》。

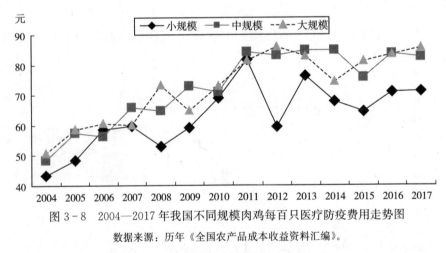

图 3-8　2004—2017 年我国不同规模肉鸡每百只医疗防疫费用走势图

数据来源：历年《全国农产品成本收益资料汇编》。

2. 动物疫病、质量安全问题还没有得到有效保障

伴随着我国居民生活和收入水平的提高，我国城乡居民的消费观念也开始转变，消费需求从追求数量转变为追求质量，但同时，近年来国内食品安全事件频繁发生，对我国肉鸡产业发展产生了较为重大的影响，尤其是肉鸡生长过程中激素残留问题，成为老百姓最为关注的问题之一，严重影响了我国肉鸡市场消费和国际竞争力。除了违规生产的情况，消费者对于肉鸡生产也存在一定程度上认识误区，如白羽肉鸡养殖周期大约在 40 天左右，不少消费者认为白羽肉鸡生产如此之快主要是由于使用了激素等催生药物造成的，从而影响了消费者对于日常正常摄入鸡肉的认知。此外，一些地区部分肉鸡养殖场以牟取非法利益为导向，在肉鸡养殖中滥用抗生素、激素等药物，加上养殖场所相对较少，动物福利没有保障，这对肉鸡整个产业发展造成了巨大的负面影响；肉鸡出栏销售末端检验检疫设备不够配套完善，2012年中央电视台曝光的"速生鸡"事件，肉鸡生产环节中使用了非法添加的抗生素，出栏的毛鸡未经正规部门检验检疫就进入了肯德基、麦当劳等快餐店的物流系统，造成了人们对动物源食品可能存在质量安全方面的担忧。为实现肉鸡产业高质量、可持续发展，必须从政府、企业、社会全部动员起来，从养殖环节入手，共同努力把肉鸡质量安全可能存在的风险管控到位。

3. 产业链利益分配机制有待完善

当前，我国肉鸡生产模式普遍采用的是产业化龙头企业带动农户，即"公司＋农户""龙头企业＋农户"模式进行标准化养殖的方式，这对于推进肉鸡产业规模化、标准化、产业化等非常有帮助。在此模式下，普通农户在生产、经营、销售等方面面临的市场风险相对较小；公司或龙头企业有效规避了来自基础设施（厂房租赁等）投入、人工成本等方面的成本，可以专心致志地寻找销售市场、开展科研攻关和日常管理等，这说明"公司＋农户""龙头企业＋农户"模式对农户、公司或龙头企业均非常有利。但同时，这种模式下却也存在肉鸡毁约较多、公司或企业随意提高鸡苗、饲料价格及降低毛鸡收购价等行为，对肉鸡产业可持续发展带来了一定的冲击，亟须进一步理顺肉鸡产业链各环节利益主体分配关系，规范肉鸡产业中各相关生产经营行为，切实保障肉鸡产业链各主体合理收益。

4. 肉鸡产品价格大起大落

由于受 H7N9 疫情、畜产品食品安全等事件影响，肉鸡消费市场持续低迷，无论是毛鸡价格、白条鸡价格，还是雏鸡价格，均表现出大起大落（图 3-9）。根据农业农村部"畜产品和饲料集贸市场价格情况（周报）"监测结果，2012 年下半年，白条鸡、活鸡价格涨幅较大，第 49 周市场上白条鸡、活鸡平均价格分别达到 17.98 元/千克、17.89 元/千克。进入 2013 年，受禽流感疫情影响，白条鸡、活鸡市场价格下降较大，2013 年第 19 周白条鸡、活鸡平均价格分别达到 15.23 元/千克、14.45 元/千克，较 2012 年第 49 周分别下降了 15.29%、19.22%。2014 年肉鸡市场行情开始好转，白条鸡、活鸡市场价格企稳回升，2014 年第 41 周白条鸡、活鸡平均价格分别达到 19.23 元/千克、19.17 元/千克，比 2014 年同期上涨了 11.51%、9.94%。2015 年和 2016 年肉鸡市场价格相对稳定，白条鸡、活鸡价格均保持在每千克 18 元以上。2017 年肉鸡市场价格从第 8 周开始下降，一直到第 34 周，白条鸡、活鸡价格均保持在每千克 18 元以下。2018 年，非洲猪瘟疫情影响范围较大，鸡肉作为猪肉的替代品，市场需求增长较快，白条鸡、毛鸡市场价格节节攀升，白条鸡市场价格一度超过每千克 20 元，创下近 7 年来的新高。肉鸡市场价格起伏不定，行情好的时候一哄而上，纷纷进入肉鸡养殖行业；行情差的时候，一哄而散，大批养殖户含泪退出养殖行业，这对于肉鸡产业的健康发展非常不利，需要政府相关部门、肉鸡产业联盟、行业协会等进一步加强教育引导，帮助养殖户摆正心态，能够更加客观合理地分析市场预期。

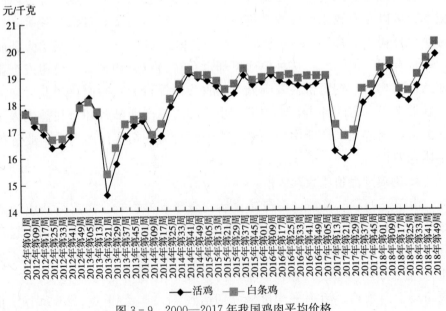

图 3-9 2000—2017 年我国鸡肉平均价格

3.6　本章小结

经过四十年的发展，我国肉鸡产业已经成为畜牧业领域中产业化、市场化、规模化、现代化比较高的产业，对于改善消费者膳食结构、农业多样化发展、提高农民收入水平、增加农民就业等方面起到了重要作用。首先，我国肉鸡存栏数和出栏数迅速增长，肉鸡产业占肉类产业的比重不断提高。其次，我国肉鸡规模化生产发展迅速，中大型规模的肉鸡饲养已成为我国肉鸡规模饲养的主要模式。再次，我国肉鸡产业进出口量也不断增加，肉鸡产业世界地位不断提升。整体来看，我国肉鸡产业面临 H7N9 流感疫情冲击产业发展、环境压力导致肉鸡养殖场经营问题、肉鸡产品消费疲软影响肉鸡产业等挑战，存在生产成本上涨较快、质量安全问题还没有得到有效保障、产业链利益分配机制有待完善、肉鸡产品价格大起大落、动物疫病严重冲击肉鸡产业发展、白羽肉鸡种源依存度过高等问题，为解决以上问题，开展了后续实证分析。

第四章 肉鸡生产效率及节本增效分析

改革开放以来，我国肉鸡产业快速发展，已成为世界主要肉鸡生产国之一，但同时，与美国、巴西等国家相比，我国肉鸡生产成本仍然偏高，肉鸡生产普遍存在投入要素利用率低下、资源利用不充分和竞争力不强等问题，加上环保风暴治理所带来的间接成本上升，进一步压缩了养殖企业及养殖户的利润空间，亟须测算我国肉鸡生产效率，找到肉鸡生产最优要素投入配置，从而切实降低肉鸡生产成本，实现企业生产成本的最小化。本书基于数据包络分析方法（DEA），并采用 Malmquis 指数法对我国肉鸡生产效率水平及其变化特点进行分析，分别测算了白羽肉鸡、黄羽肉鸡的生产效率水平，计算出我国肉鸡生产主要要素投入目标值及最优量，旨在改善我国肉鸡生产主要要素投入结构，提高我国肉鸡生产效率。

4.1 模型原理及方法

4.1.1 数据包络分析方法（DEA）

数据包络分析法（Data Envelopment Analysis，简称 DEA），是由美国著名运筹学领域专家 Charnes 和 Cooper（1978）提出的基于相对效率的非参数分析方法，运用线性规划方法对多个投入与多个产出的生产决策单元（DMU）间的相对有效性进行评价。该方法的优点是预先不需要设定一个固定的生产函数形式，对于生产决策单位中所需的投入、产出指标也没有具体的要求，能够有效简化运算，进一步减少误差，提高结果的客观性。按照规模收益变化情况，将 DEA 模型分为规模收益不变 DEA 模型（CRS 模型）和规模收益变化 DEA 模型（VRS 模型）。

1. 规模报酬不变 DEA 模型

假设所有厂商按照最优的生产规模进行经营运转，为充分反映各个生产单位在充分应用现有技术条件下所达到的最大产出能力，主要目的是测算出包括规模报酬在内的综合技术效率。假定每个生产或决策单元中有 P 个厂商，每一个厂商有 F 个投入和 L 种产出。$P \times F$ 的投入矩阵 X 与 $P \times L$ 的产出矩阵 Q 代表了所有 P 个厂商的数量。在规模报酬不变的情况下，利用线性规划的对偶性，可以推导出 DEA 模型为：

$$\min_{\theta, \lambda}$$
$$st \quad -q_i + Q\lambda \geq 0$$
$$\theta x_i - X\lambda \geq 0$$
$$\lambda \geq 0$$

其中，Q 代表厂商的产出矩阵，X 代表厂商的投入矩阵，θ 表示厂商的标量，λ 表示 $P \times 1$ 常数向量，θ 表示生产或决策单元的综合技术效率，其有效值在 $0 \sim 1$ 之间，其有效值的大小反映了生产或决策单元的相对效率。若 θ 的值等于 1，则表示该厂商的生产有效率，经营正在处于最佳生产状态；若 θ 的值小于 1，说明该厂商在当前的技术水平下生产的要素配置尚未达到最优生产状态，仍然存在一定程度的效率损失。

2. 规模报酬可变 DEA 模型

在现实生产中，由于受不完全竞争、政府管制等不确定因素将导致厂商难以使生产处于规模最优状态。为了解决这一问题，查尔斯和库伯（1984）提出对 CRS DEA 模型加以改进，用以解释规模收益可变（VRS）情况，VRS 模型通过把凸性约束条件 I1$'\lambda = 1$ 添加到上式中，从而对 CRS 进行修改，该模型能在一定程度上规避规模效应的影响，并且能够测算出每个生产或决策单元的纯技术效率，该模型的表达式具体如下：

$$\min_{\theta, \lambda} \theta$$
$$st \quad -q_i + Q\lambda \geq 0$$
$$\theta x_i - X\lambda \geq 0$$
$$I1'\lambda = 1$$

$$\lambda \geqslant 0$$

其中，I1 表示元素为 1 的 I×1 常数向量。θ 表示在规模报酬等因素可变条件下的纯技术效率，其有效值在 0～1 之间，主要是指由于每个生产或决策单元技术水平差距所带来的产出效率损失方面的程度。

4.1.2 Malmquist 指数法

Malmquist 指数法是指建立在距离函数的基础上，用于测算全要素生产率（Total Factor Productivity，简称 TFP）的变化，并进一步把生产率分解为技术变化和效率变化。Malmquist 指数最先由 Caves（1982）提出，主要是指在参照一定的技术条件下，通过分析时期 s 到 t 的产出观测值及利用现有的投入所能够生产的最大产出水平（或者在保持产出组合不变条件下）之间的比较来测算全部要素生产效率。生产效率指的是在已有条件下投入与产出间的比例关系，反映了当前资源的使用效果情况。Fare（1989）使用了来自两个不同时期的 Malmquist 生产效率指数的几何平均值，计算产出条件下，该厂商的全要素生产率 TFP 指数，方程式如下所示：

$$M_0(x_t, y_t, x_{t+1}, y_{t+1}) = \left[\frac{D_0^{t+1}(x_{t+1}, y_{t+1})}{D_0^{t+1}(x_t, y_t)} \times \frac{D_0^t(x_{t+1}, y_{t+1})}{D_0^t(x_t, y_t)} \right]^{\frac{1}{2}}$$

其中，$D_0^t(x_t, y_t)$ 代表了以第 t 期的技术来表示第 t 期技术效率的水平情况，$D_0^t(x_{t+1}, y_{t+1})$ 代表了以第 t 期的技术来表示第 $t+1$ 期技术效率的水平情况；$D_0^{t+1}(x_t, y_t)$ 代表了以第 $t+1$ 期的技术来表示第 t 期技术效率的水平情况，$D_0^{t+1}(x_{t+1}, y_{t+1})$ 代表了以第 $t+1$ 期的技术来表示第 $t+1$ 期技术效率的水平情况。Fare 考虑到时间因素，在规模不变 CRS 的前提下，将全要素生产率分解成技术效率和技术变化。Feng（1994）为全面展示规模变化 VRS 对总体情况的影响，进一步拓展了 Malmquist 指数延伸计算方法，并把所有生产要素的生产率变化（TFPch）进一步分解为技术进步（Tch）、纯技术效率变化（Pech）及规模效率变化（Sech）三个部分。

$$M_0(x_t, y_t, x_{t+1}, y_{t+1}) = \frac{S_0^{t+1}(x_{t+1}, y_{t+1})}{S_0^t(x_t, y_t)} \times \frac{D_0^{t+1}(x_{t+1}, y_{t+1}/VRS)}{D_0^t(x_t, y_t/VRS)} \times$$

$$\left[\frac{D_c^t(x_{t+1}, y_{t+1})}{D_c^{t+1}(x_{t+1}, y_{t+1})} \times \frac{D_c^t(x_t, y_t)}{D_c^{t+1}(x_t, y_t)} \right]^{\frac{1}{2}} \cdots$$

即 $M_0(x_t, y_t, x_{t+1}, y_{t+1}) = TFPch = Tch \times Ech = Tch \times Pech \times Sech$

在全要素生产率中，技术进步指的是把时间等因素纳入考虑生产效率的变动情况，生产技术的进步在一定程度上表现出生产前沿方面的上升情况，纯技术效率则是在一定程度上反映出去除规模效率等方面因素影响之后，在生产领域中技术推广以及技术的更新速度方面快慢的有效程度；规模效率是指纯技术效率与综合技术效率间的比值。在计算中，若规模效率越是接近 1，则表示生产越是处于最适宜的规模状态。在已有的技术生产条件下，综合技术效率是指规模效率与纯技术效率之间综合方面情况的体现，即：综合技术效率（Ech）＝纯技术效率变化指数（Pech）×规模效率指数（Sech）。

4.2 数据来源及变量选择

4.2.1 数据来源

本书选择《全国农产品成本收益资料汇编》和《中国统计年鉴》2004—2017 年肉鸡生产成本和收益数据，以省份为研究对象，按照相应省份、不同年份取中位数的原则，对部分省份数据进行补齐。为消除物价通货膨胀因素的影响，对投入产出指标进行了指数平减（以 2004 年为基期），统一使用农业生产资料（产品畜）指数进行平减，农业生产资料（产品畜）指数来自历年《中国统计年鉴》及各省统计年鉴。由于西藏自治区肉鸡产业统计起步较晚，为保持统计数据的一致性，本书剔除了西藏自治区，保留了北京、天津、河北、山西、内蒙古、辽宁、吉林、黑龙江、上海、江苏、浙江、安徽、福建、江西、山东、河南、湖北、湖南、广东、广西、海南、重庆、四川、贵州、云南、陕西、甘肃、青海、宁夏、新疆 30 个省份。本书收集整理 2004—2017 年 30 个肉鸡生产省份肉鸡养殖投入和产出的数据。

4.2.2 变量选择

本书选择一个产出指标和六个投入指标来测算我国 30 个省份肉鸡生产效率。为统一指标口径，本书投入和产出均采用价值量，单位为元，均以肉鸡生产和投入作为研究对象，所用的变量如下：

1. 产出

采用肉鸡主产品产值表示，采用总量指标，即 2004—2017 年 30 个省份历年每个省的总出栏肉鸡主产品产值表示。由于《全国农产品成本收益资料汇编》中肉鸡的成本及收益情况以每百只肉鸡为单位，在计算时，肉鸡主产品总产值＝（大规模肉鸡出栏数×大规模肉鸡每百只主产品产值）/100＋（中规模肉鸡出栏数×中规模肉鸡每百只主产品产值）/100＋（小规模肉鸡出栏数×小规模肉鸡每百只主产品产值）/100。

2. 投入

每个省份出栏肉鸡的六种投入要素量，分别为肉鸡人工成本（单位：元）、仔畜费（单位：元）、精饲料费（单位：元）、燃料动力费（单位：元）、医疗防疫费（单位：元）、间接费用（单位：元），均采用价值量表示。其中，间接费用是指在肉鸡生产过程中直接发生的、不便于直接列入或还需要进行分摊的肉鸡生产费用，包括固定资产折旧、管理费、销售费、财务费、税金及保险费。如：肉鸡人工成本＝（大规模肉鸡出栏数×大规模肉鸡每百只人工成本）/100＋（中规模肉鸡出栏数×中规模肉鸡每百只人工成本）/100＋（小规模肉鸡出栏数×小规模肉鸡每百只人工成本）/100；其他 5 项费用计算方法与人工成本计算的方法相同。2004—2017 年 30 个省份的肉鸡产出和投入指标的统计性描述见表 4-1。

表 4-1　2004—2017 年肉鸡产出投入的描述性投入

单位：元

变　量	最小值（Min）	最大值（Max）	平均（Mean）	标准误（Std. dev.）
产出				
主产品产值	616.740	3 750 747.000	414 521.700	550 829.800
投入				
人工成本	56.388	251 083.500	26 116.570	36 160.510
仔畜费	66.243	494 599.700	46 826.280	64 976.290
精饲料费	449.141	2 636 386.000	277 031.100	372 993.300
燃料动力费	10.902	67 493.200	5 488.460	8 283.239
医疗防疫费	21.003	12 676.600	13 353.790	18 948.780
间接费用	9.617	60 129.760	6 903.650	9 655.479

4.3　肉鸡综合技术效率分析

4.3.1　全国肉鸡综合技术效率分析

采用 DEAP2.1 软件基于投入导向对 2004—2017 年我国肉鸡养殖产出和投入数据进行测算，得到 2004—2017 年我国肉鸡综合技术效率及其分解结果（表 4-2）。

从全国来看，肉鸡平均综合技术效率、技术效率和规模效率处于较高水平，但均未达到最优，技术效率改进的空间更大些。从表 4-2 可以看出，2004—2017 年我国肉鸡生产的平均综合技术效率为 0.947，技术效率为 0.960，规模效率为 0.985。说明肉鸡综合技术效率较高，肉鸡产业是畜牧业乃至农业中产业化、规模化、标准化、市场化和国际化程度最高的部门。据中国白羽肉鸡联盟的统计数据，2015 年我国肉鸡年出栏 1 万只以下的养殖场（户）出栏肉鸡总量仅占全国总量的 11%，但年出栏 10 万只以上的养殖场（户）占总出栏量的 49%，养殖量相对较大的 38 家白羽肉鸡企业的养殖总量占全国总量的 50% 以上，平均每个企业接近 1 亿只的出栏量。这有利于推动肉鸡产业的技术推广与应用、改进鸡舍设备工艺标准化建设、加强饲料营养和现代化的管理等，这些客观上从多方面提高了投入产出比、料肉比，提高肉鸡生产综合技术效率，从而也使肉鸡产业成为畜牧业中增长最快的产业。但是，肉鸡综合技术效率仍未达到最优效率，存在一定的效率损失，技术应用和规模效率对效率的损失都有贡献，但规模效率高于技术效率，因而相对技术效率改进的空间更大些。具体来说，造成效率未达到最优的原因，一方面是由于目前肉鸡在技术推广、实际应用环境以及管理并没有达到技术应有的要求，未能充分发挥出当前技术的效用，导致技术效率的损失；另一方面，肉鸡的生产规模并没有达到最优，虽然从规模化程度在 2004—2017 年从 80% 上升到 88%，但总体仍未在现有技术下达到最佳规模，或者规模过小，单位成本增加；或者规模过大，如 2004—2017 年年出栏肉鸡 100 万只以上的养殖场增幅最快，从 4% 增加到 21%，实行有效的管理可能存在难度，从而增加生产成本，二者都制约规模优势的发挥，造成规模效率损失，这也说明，在生产中并不是规模越大越好，要规划在适度规模生产是关键。因此，在我国肉鸡生产中，科学技术推广应用、科学的饲养与管理、养殖规模优化仍有较大的提升空间。

表4-2 2004—2017年我国肉鸡综合技术效率情况

年份	综合技术效率（Crs）	技术效率（Vrs）	规模效率（Scale）
2004	0.878	0.911	0.965
2005	0.972	0.983	0.988
2006	0.979	0.987	0.992
2007	0.977	0.985	0.992
2008	0.973	0.985	0.988
2009	0.971	0.983	0.988
2010	0.976	0.987	0.989
2011	0.982	0.988	0.984
2012	0.976	0.986	0.989
2013	0.968	0.978	0.990
2014	0.929	0.944	0.985
2015	0.962	0.969	0.993
2016	0.922	0.933	0.988
2017	0.798	0.826	0.971
平均	0.947	0.960	0.985

注：表中生产效率值为30个省的平均值。

2004—2017年全国肉鸡综合技术效率成倒"U"形的趋势，技术效率与综合技术效率的变化基本趋势一致，而规模效率则保持稳中有升的趋势。从表4-2和图4-1可以看出，2004—2017年综合技术效率呈现先上升后平稳再下降的趋势，2004年综合技术效率为0.878，2005年迅速上升到0.972，之后连续9年都稳定在0.97~0.98之间，处于较高水平，经2014年小幅下降后2015年再次提高，基本达到了2005年的水平，但之后两年连续快速下降，2017年下降至0.798，比2004年低8个百分点。肉鸡综合技术效率的变动与肉鸡产业发展阶段有关。由于2003年"非典"，2004年初H5N1禽流感的影响，肉鸡生产和流通受到很大影响，消费恐慌，价格下跌，利润滑坡，肉鸡产业受到严重的打击，生产效率也与随之降低；2005年上半年，由于肉鸡存栏未恢复至正常水平，市场需求有缓慢恢复，供应不足，主产区活鸡价格呈上涨态势，每只肉鸡盈利在 3元/千克以上；尽管 2005 年 11 月我国又出现了人感染 H5N1 禽流感疫情，但生猪产业 2006—2007 年受蓝耳病疫情影响，存栏数量下降，猪肉价格暴涨，增加了替代品消费鸡肉的消费量，肉鸡价格上涨，市场行情好，这种效益较好的形势基本持续到 2013 年，在此情况下，养殖场（户）更加注重饲养管理和疫情防控，有利于效率的提升，这一阶段表现为效益平稳持续维持在较高水平；之后，肉鸡产业再次遭受重创，受 2013 年、2014年国内人感染 H7N9 流感疫情及国际禽流感疫情暴发等因素影响，我国自 2015 年起相继对来自美国、法国及波兰的禽类及相关产品采取封关措施，肉鸡引种受到严重影响，直到 2017 年初，肉鸡产业有初步恢复的趋势，2017 年 3 月 H7N9 流感疫情再次出现，进一步导致肉鸡产业的损失和萧条，造成这期间生产效率的下降，2017 年生产效率低于 2004 年的水平。技术效率与综合技术效率的变化基本趋势一致，而规模效率则保持稳中有升的趋势。从图 4-1 可以看出，在技术效率与综合技术效率较低的年份，规模效率依然保持上升的态势，一般来说，产业不景气时，加剧业内养殖企业（户）的整合与重组，优胜劣汰，小规模的养殖企业（户）会被迫退出市场，大规模企业会加速扩张，从而提高产业平均规模水平，这有利于提高规模效率。

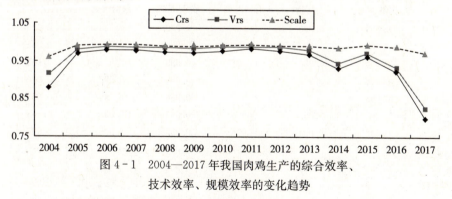

图 4-1　2004—2017 年我国肉鸡生产的综合效率、
技术效率、规模效率的变化趋势

4.3.2　分品种肉鸡综合技术效率分析

长期以来，由于我国广大地区的自然环境（海拔、气候、光照、温湿度等）、社会经济（社会需求、经济因素、生产水平等）以及人文因素

（民风民俗、生活喜好等）等差异，我国逐步形成了多种多样的肉鸡养殖品种。目前，我国市场上肉鸡总体可分为两大类：一是白羽肉鸡，其产地主要集中在我国长江以北的地区，山东、河南、吉林等省大多以生产白羽肉鸡为主；二是黄羽肉鸡，其产地主要集中在华南、华东、西北等地区，广东、广西、江苏、安徽等省份大多以生产黄羽肉鸡为主。根据全国畜牧总站 2017 年各省份白羽肉鸡、黄羽肉鸡占比统计，白羽肉鸡占比超过50%省份有北京、天津、河北、山西、辽宁、吉林、黑龙江、福建、山东、河南、陕西以及新疆等 12 个省份，本书把这些省份归为白羽肉鸡主要生产省份；白羽肉鸡占比不足 50%的省份有内蒙古、上海、江苏、浙江、安徽、江西、湖北、湖南、广东、广西、海南、重庆、四川、贵州、云南、甘肃、青海、宁夏等 18 个省份，本研究将这些省份归为黄羽肉鸡主要生产省份，分别计算出 2004—2017 年白羽肉鸡、黄羽肉鸡各省份综合技术效率、纯技术效率和规模效率水平以及全要素生产率变化情况，加权平均后计算得出白羽肉鸡、黄羽肉鸡的综合技术效率、全要素生产率及其分解情况（表 4-3）。

表 4-3　不同品种肉鸡综合技术效率情况

年份	综合技术效率（Crs）		技术效率（Vrs）		规模效率（Scale）	
	白羽肉鸡	黄羽肉鸡	白羽肉鸡	黄羽肉鸡	白羽肉鸡	黄羽肉鸡
2004	0.894	0.909	0.965	0.939	0.928	0.970
2005	0.989	0.974	0.998	0.989	0.991	0.985
2006	0.990	0.984	0.997	0.989	0.993	0.995
2007	0.996	0.975	0.999	0.984	0.996	0.990
2008	0.993	0.977	0.997	0.986	0.996	0.991
2009	0.991	0.965	0.998	0.982	0.993	0.983
2010	0.989	0.994	0.995	0.997	0.995	0.997
2011	0.994	0.989	0.997	0.994	0.996	0.996
2012	0.998	0.983	0.998	0.988	0.999	0.995
2013	0.993	0.967	0.998	0.972	0.994	0.994
2014	0.994	0.940	0.997	0.950	0.996	0.990
2015	0.985	0.972	0.996	0.978	0.989	0.994
2016	0.971	0.952	0.986	0.957	0.985	0.995
2017	0.990	0.814	0.994	0.842	0.996	0.970
平均	0.983	0.994	0.989	0.957	0.968	0.989

1. 白羽肉鸡的综合技术效率

白羽肉鸡综合技术效率处于较高水平，后期略有波动，技术效率高于规模效率。2004—2017 年白羽肉鸡平均综合技术效率为 0.983，效率水平较高但仍未达到最优。2004 年综合技术效率最低（0.894），2005 年快速提高，之后到 2012 年稳中略升，都基本稳定的 0.99 左右，2012 年综合技术效率最高（0.998），2013—2016 年呈下降趋势，2017 年又恢复到较高水平。同全国肉鸡综合技术效率类似，白羽肉鸡在 2004 年效率低，均是受到 2003 年"非典"、2004 年初 H5N1 禽流感的影响；随后白羽肉鸡产业全年疫病比较稳定，部分地区是小范围流行，生产形势有利，2010 年白羽肉毛鸡价格的同比涨幅为 19.7%，祖代种鸡价格和父母代雏鸡销售价格为历年来最高，2011—2012 年白羽肉鸡价格仍继续处于高位，生产者在市场形势好时更加注重管理，生产效率提高，2012 年的效率为 0.998；但是受 2012 年底"速生鸡"和 2013 年、2017 年初 H7N9 流感疫情、2014—2015 年国际禽流感持续暴发等事件的影响，白羽肉鸡市场形势一直不景气，在市场效益不高时，生产者可能对技术应用、管理的重视程度下降，从而 2013 年以来生产效率基本呈下降趋势。直到 2017 年下半年随着 H7N9 流感疫情影响的逐渐消退，白条鸡和活鸡价格逐渐回升到年初水平，白条鸡价格达 19 元/千克，生产效率又开始转为回升，达到了 0.990 的高位（图 4 - 2）。

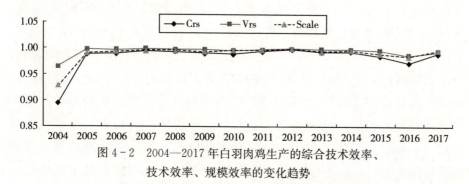

图 4 - 2　2004—2017 年白羽肉鸡生产的综合技术效率、
技术效率、规模效率的变化趋势

白羽肉鸡技术效率高于规模效率，二者的变动趋势与综合技术效率基本一致。技术效率为 0.989，规模效率为 0.968，技术效率和规模效率都有一定的改进空间，而规模效率改进的空间则更大。白羽肉鸡产业规模化程度高、产业集中度高，企业化养殖在圈舍设备、饲养管理、技术应用、疫病防控方面，具有一定的优势，这些都有助于提升技术效率，相对于技术效率来说，规模效率较低，这也说明，尽管白羽肉鸡的规模化程度高，养殖规模差距比较大，总体但并没有达到最优规模，存在规模过大和规模过小造成效率损失的现象。因此，在白羽肉鸡产业发展中，在注重技术标准、规范的应用和加强管理的同时，要更加注重规模的优化。2017年白羽肉鸡的规模效率呈现上升的态势，主要原因是2013—2015年，我国白羽肉鸡产业亏损面比较广，整个白羽肉鸡产业已完成了一轮压缩产能的过程，一大批中小散户退出，这在一定程度上推动了2016—2017年我国父母代种鸡场进一步提高集中度明显，肉鸡养殖企业并购、整合持续，并向下游延伸，规模效率上升，相应技术效率也提升明显。

2. 黄羽肉鸡综合技术效率

黄羽肉鸡平均综合技术效率处于较高水平，波动较大，目前降至较低水平。2004—2017年黄羽肉鸡平均综合技术效率为0.994，技术效率为0.957，规模效率为0.989，说明黄羽肉鸡三个效率都没有达到最优，但综合技术效率较高，这可能与黄羽肉鸡是我国传统养殖品种，生产者在长期实践中掌握适用技术和管理经验有关。2004年综合技术效率处于低位（0.909），2005年提升至0.974，2005—2013年保持小幅的波动，以2010年为界限，之前总体上升，之后连续趋于下降，变动范围在0.97～0.99之间；2013年之后波动明显加大，2014年下降，2015年短暂提高，2016—2017年连续两年大幅下降，2017年综合效率为0.842，比2015年下降了13个百分点。综合技术效率的变动受到肉鸡产业多种因素的影响，全国黄羽肉鸡经历2006—2007年两年多的低迷时期，到2008年整体形势有一定的好转，直到2010年下半年整个市场逐步复苏，相应地，此时生产效率也提升明显；由于前期效益较好，种鸡生产规模进一步扩大。到2012年，鸡苗量总体上供大于求，受欧债危机及国际经济动荡等因素影响，我国黄羽肉鸡市场行情进入低迷期，导致2012年综合技术效率明显下降，2013—2017年间断出现的H7N9疫情对以销售活鸡为主的黄羽肉鸡产业影响巨大，企业被迫减产，中小企业批量退出，规模化标准化提高，市场形势时好时坏，据农业部监测数据，2017年黄羽肉鸡生产者价格（成鸡出栏价格）当年最低的价格在 3 月份，价格水平为 2012 年以来的最低点，年度的最高点在年末，价格水平为 2012 年以来的历史最高点，由此引起生产效率产生较大的波动（图 4-3）。

黄羽肉鸡的规模效率高于技术效率，技术效率与综合技术效率变动趋势基本一致，规模效率相对比较稳定，略有一定的上升。黄羽肉鸡虽然规模化程度不高，农户养殖占一定比重，农户的养殖数量不大，但在农户当前的技术和资源投入的限制条件下，这种小规模的生产可能是比较有效率的。随着生产发展，黄羽肉鸡养殖规模在不断提高，如企业化的养殖、温氏的由"公司＋农户"向"公司＋家庭农场"模式的转变，逐步向最优规模发展，规模效率有所提升，并保持较高水平。但就黄羽肉鸡养殖来说，在长期养殖实践和经验的基础上，要重视对养殖农户新技术的推广、示范和培训，这是提高技术效率的重要途径。

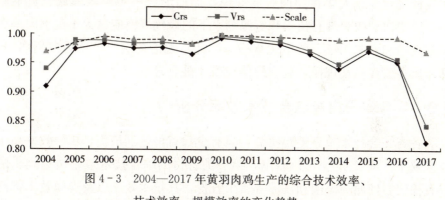

图 4-3 2004—2017 年黄羽肉鸡生产的综合技术效率、
技术效率、规模效率的变化趋势

3. 白羽、黄羽肉鸡生产效率比较

黄羽肉鸡综合技术效率和规模效率均高于白羽肉鸡，而技术效率低于白羽肉鸡。黄羽肉鸡综合技术效率为 0.994，比白羽肉鸡高约 1.1 个百分点，而规模效率为 0.989，比白羽肉鸡高 2.1 个百分点，技术效率为 0.957，比白羽肉鸡低 3.2 个百分点。由于黄羽肉鸡是我国传统养殖品种，黄羽肉鸡品种资源相对比较丰富，黄羽肉鸡各种种质资源经过多年发展已初步形成了具有耐粗饲料、抗逆性比较强、繁殖性能相对较好，市场推广技术效果好，管理经验非常丰富，这些都有助于提升生产效率；而白羽肉

鸡引种全部来自进口，在国内生产中可能会存在技术适应性和管理上的问题，可能导致效率的损失。在生产方式上，黄羽肉鸡多是采用"公司＋农户"的产业化经营方式，农户在养殖时会利用农村各种资源节约成本，白羽肉鸡大多是现代化养殖，成本相对较高，而且考虑到冬季供暖，黄羽肉鸡主要在南方地区，白羽肉鸡在北方地区，冬季需要供暖，也推高了燃料动力费。据国家统计局数据显示，每百只黄羽肉鸡（以北方省份为主）除仔畜费用和间接费用与白羽肉鸡基本相同外，其他的精饲料费用、人工成本、医疗防疫费、燃料动力费都大大低于白羽肉鸡的相应费用，在产出一定的情况下，较高单位投入会导致生产效率的下降。另外，在模型分析中，产出变量采用的是每百只的产品产值，黄羽肉鸡的单位产值高于白羽肉鸡，在投入一定的情况下，较高的单位产值效率也较高。因此，此处的生产效率实质上包含效益因素和质量因素。从生产实际看，白羽肉鸡生产规模程度要远远大于黄羽肉鸡的规模，但白羽肉鸡规模效率低于黄羽肉鸡，说明白羽肉鸡现有技术和资源约束下的最优规模应该大于黄羽肉鸡在现有技术和资源约束下的最优规模。因此，无论黄羽肉鸡还是白羽肉鸡，都要更多关注最佳规模，达到最佳规模才最有效率。

4.3.3 各省份肉鸡综合技术效率分析

各省综合技术效率差距明显，只有少数省份达到最优，规模效率高于技术效率。从表4-4可以看出，第一类省份的综合技术效率值达到1的只有福建、广西、海南和江苏等4个省份，其技术效率以及规模效率都已达到1，说明这些省份已经有效地利用了当前的技术，能够充分发挥品种优势、科技优势、资源优势等，产出达到了生产前沿面。无论是技术推广应用和管理，还是规模都达到了最优。如，福建省圣农集团是我国相对规模较大的白羽肉鸡养殖企业，已构建了从父母代种鸡，到肉鸡饲料生产，再到肉鸡养殖，一直到肉鸡屠宰加工的大规模一体化产业链，具有较强的食品安全控制能力以及相对较齐全的产业链，区别于传统的"公司＋农户"的合同放养模式，比传统模式具有产量更加稳定、疫病更加可防控、食品安全更加可控、作业标准化以及规模化等优势，生产效率得以大大提升。广西是全国黄羽肉鸡和黄羽肉鸡苗生产重要基地，以"公司＋农户"

经营模式是当前广西黄羽肉鸡产业发展的主要模式，黄羽肉鸡采取了标准化养殖，基本实现了标准化生产与产业化运作相结合，同时促进了规模化的发展，特色林下养殖发展迅速，生产效率较高。这些省份如果要进一步提高单位投入产出水平，在当前技术下已没有提升的空间，必须引进新技术才能提高产出，这也对肉鸡产业的技术创新提出了迫切要求。综合效率介于0.8~1之间的有5个省份，浙江的综合技术效率、技术效率和规模效率都在0.98以上，其中规模效率接近1，说明技术的应用效率较高，北京、黑龙江、宁夏和江西的综合技术效率为0.8以上，但规模效率均在0.96以上，说明这些省份效率的损失主要是由于技术效率没有达到最优造成的；但规模效率仍有提升的空间，这5个省份呈现规模报酬递增，说明当前规模过小，需要通过扩大规模提升效率。综合技术效率在0.8以下的有20个省份，包括安徽、广东、湖南、吉林等，其中0.7以下的只有天津，这些省份的大部分规模效率较高，都在0.99以上，河北、河南和云南达到1，但技术效率相对较低，在0.7左右，说明这些地区效率损失主要是由技术效率不高引起的，可能由于各种条件的制约，如品种选育、鸡舍设施标准化、饲料配方、养殖管理等方面存在很多问题，使现有技术作用难以充分发挥。此外，养殖规模也需要调整，广东、山东养殖规模过大，在现有技术下难以支撑目前的养殖规模，出现了规模报酬递减，需要减小规模，而多数省份如四川、贵州、山西等省份规模过小，出现规模报酬递增，需要扩大规模才能发挥规模优势。

表4-4 2017年肉鸡综合技术效率情况

序号	省份	综合效率	技术效率	规模效率	规模报酬
1	福建	1.000	1.000	1.000	不变
2	广西	1.000	1.000	1.000	不变
3	海南	1.000	1.000	1.000	不变
4	江苏	1.000	1.000	1.000	不变
5	浙江	0.983	0.983	0.999	递增
6	黑龙江	0.863	0.865	0.998	递增
7	北京	0.850	0.875	0.971	递增
8	宁夏	0.835	0.866	0.964	递增

（续）

序号	省份	综合效率	技术效率	规模效率	规模报酬
9	江西	0.810	0.811	0.998	递增
10	安徽	0.792	0.793	0.999	递增
11	广东	0.792	0.974	0.813	递减
12	湖南	0.768	0.769	0.999	递增
13	吉林	0.752	0.753	0.999	不变
14	上海	0.750	0.784	0.957	递增
15	新疆	0.744	0.748	0.994	递增
16	重庆	0.743	0.746	0.997	递增
17	甘肃	0.740	0.744	0.994	递增
18	青海	0.740	1.000	0.740	递增
19	陕西	0.740	0.743	0.996	递增
20	河北	0.739	0.739	1.000	不变
21	河南	0.739	0.739	1.000	不变
22	辽宁	0.739	0.742	0.995	递减
23	四川	0.738	0.740	0.998	递增
24	贵州	0.737	0.739	0.996	递增
25	山东	0.737	1.000	0.737	递减
26	山西	0.737	0.738	0.999	递增
27	湖北	0.735	0.738	0.997	递增
28	云南	0.732	0.732	1.000	不变
29	内蒙古	0.722	0.727	0.994	递增
30	天津	0.674	0.679	0.993	递增

因此，目前来看，要提高我国肉鸡的综合技术效率，要从三方面着手，对于第一类省份，需要研发、引进、推广新技术，提高生产前沿面；对于其他类型的省份，一方面需要更加重视技术的推广和应用，通过培训使生产者要掌握技术应用的要求、条件和技术规程，有效发挥技术实际应用效果；一方面要探索在当前技术下的最佳规模，对现有规模进行调整。

4.4 肉鸡全要素生产率分析

4.4.1 全国肉鸡全要素生产率变动

根据 Malmquist 方法，计算出 2004—2017 年 30 个省份每相邻年份的全要素生产率的变化，并进一步分解为技术进步的变化、技术效率的变化、纯技术效率和规模效率的变化，得到全国历年肉鸡全要素生产率及其分解情况（表 4-5）。

表 4-5 全国肉鸡全要素生产率及其构成的变化情况

年　份	全要素生产率变化 （tfpch）	技术进步变化 （techch）	技术效率 （effch）	纯技术效率 （pech）	规模效率变化 （sech）
2004—2005	0.820	0.737	1.113	1.081	1.029
2005—2006	1.044	1.037	1.007	1.003	1.004
2006—2007	0.988	0.990	0.998	0.998	1.000
2007—2008	0.968	0.973	0.996	1.000	0.996
2008—2009	1.022	1.024	0.998	0.998	1.000
2009—2010	0.983	0.977	1.006	1.004	1.002
2010—2011	0.979	0.972	1.006	1.001	1.005
2011—2012	0.995	1.002	0.993	0.998	0.995
2012—2013	0.946	0.954	0.992	0.991	1.001
2013—2014	1.069	1.115	0.959	0.965	0.994
2014—2015	0.956	0.923	1.036	1.027	1.009
2015—2016	1.020	1.066	0.957	0.962	0.995
2016—2017	1.019	1.183	0.861	0.881	0.977
平均	0.984	0.991	0.993	0.992	1.001

注：技术效率＝纯技术效率×规模效率变化；全要素生产率变化＝技术效率×技术进步变化＝纯技术效率×规模效率变化×技术进步变化。

2004—2017 年我国肉鸡全要素生产率及其构成变化情况见图 4-4。

全要素生产率呈波动性，年均下降 1.6%，TFP 变动主要是由技术变化引起的。总体上看，2004—2017 年，我国肉鸡全要素生产率平均变动范围在 0.82～1.1 之间，总体呈波动趋势，2005—2006 年波动幅度大，2006—2013 年波动幅度较小，2013 年之后波动加大，全要素生产提高最

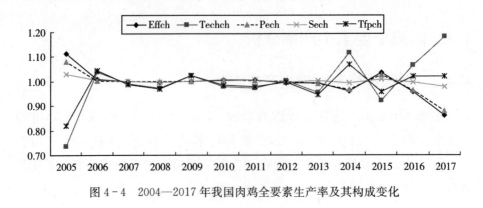

图 4-4 2004—2017 年我国肉鸡全要素生产率及其构成变化

多的年份是 2014 年，提高了 6.9 个百分点，下降最多的年份是 2005 年，下降了 18%。肉鸡 TFP 的波动与其生产阶段有关，如在经过 2004 年和 2005 年的 H5N1 疫情后，市场恢复好转，2005 年生产率提高较快；之后 2006—2013 年，没有重大疫情发生，市场相对比较平稳，生产率也较为稳定；在 2013—2017 年国际禽流感和国内疫情的持续暴发，再次导致 TFP 波动加大，在 2016 年和 2017 年才得以回升。2004—2017 年大部分年份 TFP 变动的主要原因是由于技术进步的变动，比较明显的是，2015—2017 年，尽管技术效率是连续分别下降 4.3%、14%，但由于技术进步相应分别提高了 6.6% 和 18%，从而导致 TFP 也呈现上升的趋势，分别上升了 2% 和 1.9%。在 2004—2017 年，技术效率、纯技术效率率除了两端年份变动较大外，其他年份比较稳定，规模效率一直呈现比较稳定的趋势。说明在肉鸡产业生产和市场形势对技术变化有很大的影响，在市场变动竞争加剧时，有助于驱动生产者引进新技术，进行技术创新和改造，推动技术进步，而技术进步直接影响 TFP 的变动。

技术变化的波动趋势与 TFP 的变动基本一致，平均每年下降 0.9%，稍有退步。技术变化一直呈现波动性，在 0.72～1.18 之间，2013 年之前波动较小，2013—2017 年波动加大。2004—2017 年间有 2005—2006、2008—2009、2013—2014、2016—2007 等四个年份，呈现技术进步态势，其中 2013—2014 年和 2016—2017 年技术进步最为明显，分别进步提高 11.5% 和 18.3%；技术下降最多的年份是 2004—2005 年，下降 27%。技术变化与肉鸡生产阶段特征大致吻合，在暴发大的疫情时，引起各种不利因素叠加等对产业形成严重打击，造成产出下降成本上升，技术也呈现一定的退步；但在疫情发生之后，产业遭受打击后生产组织进行重组调整，迫使生产者特别是养殖企业采用新技术，促进技术进步。实际上，在 DEA 分析中技术变化表现为两个时期前沿面的移动，实际上前沿面的移动除了纯技术进步的变化外，还隐含着不同时期复杂的外部因素，如政策、环境、自然灾害等因素等，因此技术下降不完全归结为纯技术的退步。

技术效率波动较小，略有下降，技术效率的变动主要是由纯技术效率引起的。相对于 TFP 和技术变化，技术效率的波动较小，除了 2016—2017 年技术效率下降较多外，其他年份变动在 0.95～1.1 之间，年均下降 0.7%。技术效率在 2004—2005 年、2005—2006 年、2009—2010 年等年份是提高的，其余年份都有较小程度的下降。技术效率变动受到纯技术效率和规模效率变动的影响，尽管 2014—2017 年规模效率一直比较稳定略有提高，年均提高 0.1%，说明这些年我国肉鸡的生产规模在不断优化，规模优势得到发挥；因此，导致技术效率下降的主要原因是纯技术效率的下降，年均下降 0.2%，并呈现一定的波动性，这也说明在肉鸡生产中对技术应用和管理并不十分到位，并且有可能根据生产和市场形势加强或松懈管理，导致技术的实际效果没有充分发挥，并且时高时低。

4.4.2　分品种肉鸡全要素生产率分析

由于白羽肉鸡和黄羽肉鸡在品种类型、生产性能、生产特征等方面存在明显差异，可能造成在生产效率上的差异。下面对白羽肉鸡和黄羽肉鸡进行比较分析（表 4-6）。

表 4-6　2004—2017 年我国不同品种肉鸡全要素生产率情况

年份	全要素生产率变化（tfpch）		技术进步变化（techch）		技术效率（effch）		纯技术效率（pech）		规模效率变化（sech）	
	白羽肉鸡	黄羽肉鸡	白羽肉鸡	黄羽肉鸡	白羽肉鸡	黄羽肉鸡	白羽肉鸡	黄羽肉鸡	白羽肉鸡	黄羽肉鸡
2004—2005	0.870	0.766	0.782	0.712	1.112	1.075	1.030	1.056	1.079	1.018
2005—2006	1.013	1.037	1.012	1.026	1.001	1.011	0.999	1.001	1.002	1.010
2006—2007	1.118	0.936	1.111	0.945	1.006	0.990	1.002	0.995	1.003	0.995

（续）

年　份	全要素生产率变化（tfpch）		技术进步变化（techch）		技术效率（effch）		纯技术效率（pech）		规模效率变化（sech）	
	白羽肉鸡	黄羽肉鸡	白羽肉鸡	黄羽肉鸡	白羽肉鸡	黄羽肉鸡	白羽肉鸡	黄羽肉鸡	白羽肉鸡	黄羽肉鸡
2007—2008	0.939	0.993	0.942	0.991	0.997	1.003	0.997	1.002	1.000	1.001
2008—2009	1.033	1.021	1.035	1.034	0.998	0.987	1.001	0.996	0.997	0.991
2009—2010	1.031	0.934	1.033	0.906	0.998	1.031	0.997	1.015	1.002	1.015
2010—2011	0.912	1.017	0.908	1.023	1.004	0.995	1.002	0.996	1.002	0.999
2011—2012	0.964	1.032	0.960	1.039	1.004	0.994	1.001	0.994	1.003	0.999
2012—2013	0.979	0.925	0.983	0.941	0.995	0.983	1.000	0.984	0.995	0.999
2013—2014	1.098	1.025	1.097	1.055	1.001	0.972	0.999	0.976	1.002	0.996
2014—2015	0.966	0.959	0.975	0.927	0.991	1.035	0.999	1.030	0.992	1.004
2015—2016	1.012	0.986	1.027	1.077	0.985	0.980	0.989	0.978	0.996	1.001
2016—2017	0.962	1.060	0.943	1.248	1.020	0.849	1.008	0.872	1.011	0.973
平均	0.990	0.973	0.982	0.982	1.008	0.991	1.002	0.991	1.006	1.000

1. 白羽肉鸡全要素生产率

白羽肉鸡全要素生产率略有下降，波动较大。2014—2017 年年均白羽肉鸡全要素生产率下降 1%，2004—2005 年波动较大，之后波动幅度减小，TFP 下降最多的年份是 2004—2005 年，下降了 13%，TFP 提高最多的年份是 2006—2007 年，提高了 11.8%。年均 TFP 下降主要是由技术变化的缓慢或下降引起的，技术变化年均下降 1.8%，而相应的年均技术效率提高 0.8%，纯技术效率和规模效率也同时在提高。说明在白羽肉鸡产业规模不断优化，技术推广应用和管理方面都在不断改进。技术进步的变动趋势与全要素生产率的变动趋势基本一致，从图 4-5 可以看出，两条趋势线几乎是重叠的，说明技术进步是引起全要素生产率变动的主要因素，而技术效率的变动相对比较平稳，所以通过技术创新、引进新技术等手段，提高白羽肉鸡产业技术进步非常关键，对提高全要素生产率作用重大。

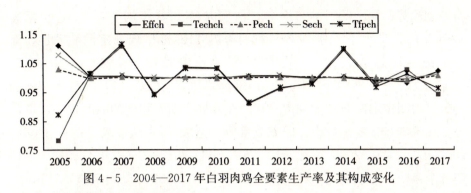

图 4-5　2004—2017 年白羽肉鸡全要素生产率及其构成变化

2. 黄羽肉鸡全要素生产率

黄羽肉鸡全要素生产率有所下降，波动幅度较小。2014—2017 年年均黄羽肉鸡全要素生产率下降 2.7%，2004—2006 年波动较大，其他年份比较稳定，TFP 下降最多的年份是 2005—2006 年，下降了 23%，TFP 提高最多的年份是 2016—2017 年，提高了 6%。技术进步年均下降 1.8%，技术效率略有下降，年均下降 0.9%，所以 TFP 下降主要是由技术变化的缓慢或退步引起的。纯技术效率年均下降 0.9%，规模效率年均保持不变，因此纯技术效率是技术效率下降的主要原因。说明黄羽肉鸡产业在规模上效率较高，要提高黄羽肉鸡的 TFP，一方面要通过重视技术创新和引进，提高技术进步；另一方面要加强现有技术的推广和应用，如政策、产业环境的改进，以促进技术效率的提高，相对来说技术进步更为重要，2015—2017 年技术进步呈快速进步的好态势（图 4-6）。

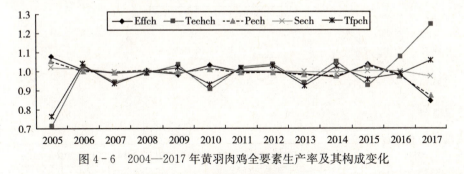

图 4-6　2004—2017 年黄羽肉鸡全要素生产率及其构成变化

3. 白羽肉鸡和黄羽肉鸡全要素生产率的比较

黄羽肉鸡年均 TFP 下降的幅度大于白羽肉鸡，均呈波动性，部分年份波动趋势不同。2004—2017 年，白羽肉鸡 TFP 年均下降 1%，黄羽肉鸡年均下降 2.7%。白羽肉鸡和黄羽肉鸡 TFP 都呈现一定的波动性，部分年份变动趋势相同，部分年份变动趋势相反。在 2004—2006 年、2008—2009 年、2014—2016 年，白羽肉鸡和黄羽肉鸡 TFP 表现为相同的趋势，说明白羽肉鸡和黄羽肉鸡在产业发展中面临相同的问题，如市场环境、技术进步、养殖规模、国家政策等，造成 TFP 的波动。但在 2006—2007 年、2007—2008 年、2010—2011 年、2012—2013 年、2016—2017 年五个年份，却呈现完全相反的趋势，2006—2007 年，白羽肉鸡 TFP 上升了 11.8%，而黄羽肉鸡 TFP 下降的 6.4%，这说明由于两个品种在很多方面存在诸多不同的特性，对于肉鸡产业发展中事件的冲击呈现出不同的反应，如 2004 年、2005 年的 H5N1 禽流感，对以销售活鸡为主的黄羽肉鸡产业的冲击巨大，导致 2006—2007 年 TFP 下降最多，而白羽肉鸡受到影响相对较小；受 2008 年全球金融危机的影响，国际市场消费疲软，白羽肉鸡的出口下降，导致 2007—2008 年白羽肉鸡 TFP 下降较多，而黄羽肉鸡受影响较小，TFP 明显上升。从 TFP 变动的源泉来看，黄羽肉鸡和白羽肉鸡的年均技术进步均下降了 1.8%，二者的变动趋势在某些年份相同某些年份相反；白羽肉鸡年均技术效率是提高的，而黄羽肉鸡是下降的，从变动趋势上看，二者技术效率、纯技术效率和规模效率的变动趋势基本一致。

白羽肉鸡、黄羽肉鸡生产全要素生产率变化趋势见图 4-7。

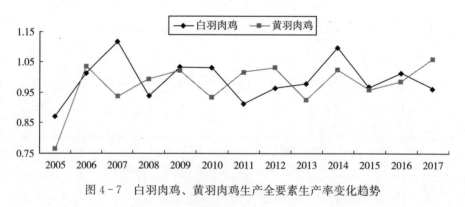

图 4-7　白羽肉鸡、黄羽肉鸡生产全要素生产率变化趋势

白羽肉鸡、黄羽肉鸡生产技术进步变化趋势见图 4-8。

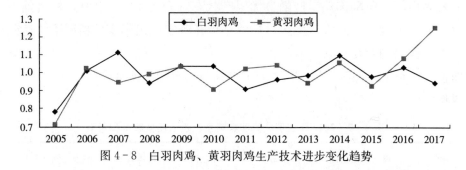

图 4 - 8　白羽肉鸡、黄羽肉鸡生产技术进步变化趋势

白羽肉鸡、黄羽肉鸡生产的 Ech、Pech、Sech 的变化趋势见图 4 - 9。

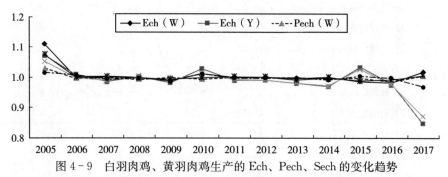

图 4 - 9　白羽肉鸡、黄羽肉鸡生产的 Ech、Pech、Sech 的变化趋势

注：Ech（W）、Pech（W）、Sech（W）代表白羽肉鸡的指标，Ech（Y）、Pech（Y）、Sech（Y）代表黄羽肉鸡的指标。

4.5　肉鸡节本增效途径分析

4.5.1　分品种肉鸡投入产出要素冗余分析

由上文的分析可知，我国黄羽肉鸡和白羽肉鸡的生产效率均未达到最优，存在效率损失。本部分从投入导向进行测量，分析在产出不变的情况下，投入要素的冗余问题，投入要素过多，即存在冗余，造成效率损失，需要减少冗余，才能提高生产效率。本部分以山东、河南、辽宁、吉林省作为白羽肉鸡养殖的代表，选择广东、广西、安徽作为黄羽肉鸡养殖的代表，采用以投入为导向的 VRS 模型进行测算，分别计算出 2017 年白羽肉鸡、黄羽肉鸡各省投入产出冗余，对每年各省相应值求算术平均数，计算出在现有产出水平条件下，如何进一步调整各项生产要素投入的数量，从而找到白羽、黄羽肉鸡生产的最优生产状态（表4-7）。原值是指目前生产中各种要素的实际投入量，目标值是指在既定产出不变的情况下，达到效率最优时的各种投入要素的投入量，即要素的最佳投入量，改进值是指原值—距离目标值，是如果达到有效生产，应该增加或减少的投入要素量。

表4-7 2017年白羽、黄羽肉鸡生产投入要素改进参考值

品种	投入产出指标	原值	改进值	目标值	改进比例（%）
白羽肉鸡	每百只主产品产值（元）	1 576.06	0.00	1 576.06	0.00
	每百只人工成本（元）	245.51	−96.96	148.54	39.49
	每百只仔畜进价（元）	170.51	−10.17	160.34	5.98
	每百只精饲料费用（元）	866.84	−27.58	839.25	3.18
	每百只燃料动力费（元）	30.68	−5.85	24.83	19.09
	每百只医疗防疫费（元）	55.28	−6.39	48.89	11.09
	每百只间接费用（元）	26.49	−4.06	22.43	15.33
黄羽肉鸡	每百只主产品产值（元）	1 769.58	0.00	1 769.58	0.00
	每百只人工成本（元）	144.27	0.00	144.27	0.00
	每百只仔畜进价（元）	216.84	0.00	216.84	0.00
	每百只精饲料费用（元）	1 147.25	0.00	1 147.25	0.00
	每百只燃料动力费（元）	15.96	0.00	15.96	0.00
	每百只医疗防疫费（元）	59.73	0.00	59.73	0.00
	每百只间接费用（元）	40.57	0.00	40.57	0.00

1. 白羽肉鸡

白羽肉鸡绝对投入量改进较多的是人工成本和饲料费用，相对投入量改进较多的是人工成本、燃料动力费、间接费用、医疗防疫费。在保持每百只主产品产值不变的情况下，2017年我国白羽肉鸡各项生产要素的投入均存在不同程度的过量投入问题。在保持每百只主产品产值1 576.06元的情况下，按照绝对投入量冗余量从高到低依次为人工成本、精饲料费用、仔畜进价、医疗防疫费、燃料动力费和间接费用，分别过量96.96元、27.58元、10.17元、6.39元、5.85元、4.06元，改进比例分别为39.49%、3.18%、5.98%、11.09%、19.09%、15.33%，其中人工成

本、燃料动力费和间接费用需要改进的幅度较高。由此可以看出，我国白羽肉鸡产业中存在的主要问题是：机械化程度还不够高，劳动生产率低，人工费用高，鸡舍设备和设施不够科学合理，增加燃料动力费，而且影响鸡群健康，提高医疗防疫费，经营管理成本较高，这些都造成了效率的损失，白羽肉鸡在饲料营养配方、品种仔畜培育方面有一定的优势，相应的要素投入的冗余比例较低。因此，提高机械化程度、改善圈舍设施条件、提高管理水平等是提升肉鸡生产效率的关键途径。

2. 黄羽肉鸡

黄羽肉鸡所有投入要素冗余为 0，均达到了最佳投入。在以产出导向测定的黄羽肉鸡的综合技术效率没有达到最优，以投入为导向测定的各项要素投入改进比例为 0，说明投入导向测定的技术效率达到最优，即在目前的产出水平，要素投入不存在冗余，但是如果按目前既定的各项要素投入量不变，产出还有增加的空间，也从另一方面说明黄羽肉鸡产业是规模报酬可变的。在相同年份，白羽肉鸡投入要素存在较大幅度的冗余，而黄羽肉鸡却不存在冗余，这说明白羽肉鸡产业和黄羽肉鸡产业发展中存在较为明显差异，是导致生产效率不一致的原因。

4.5.2　各省份相同品种肉鸡投入产出要素冗余分析

1. 不同省份白羽肉鸡

不同省份白羽肉鸡要素投入冗余差别较大，并且改进并不稳定。以上分析全国白羽肉鸡投入要素冗余的总体情况，下面选择白羽肉鸡的主要代表省份山东省和吉林省为例，选择 2006 年、2011 年和 2016 年三个年份分析不同省份投入要素的冗余情况及其变化。山东省白羽肉鸡的投入要素冗余比例较高的是每百只人工成本和燃料动力费、医疗防疫费等，如 2006 年每百只人工成本和燃料动力费投入要素改进比例分别为 34.92％和 32.65％，2011 年燃料动力费、医疗防疫费、人工成本投入冗余比例分别为 67.63％、53.57％、37.66％，而到 2016 年各项投入要素已达到最优。而同样在 2006—2016 年，吉林省白羽肉鸡投入要素比例较高的是每百只人工成本、燃料动力费和仔畜费用，如每百只人工成本 2006 年改进的比例是 30.13％，2011 年上升为 56.01％，人工成本过高的问题更加突出，2011年燃料动力费改进比例高达49.86%。从山东省和吉林省白羽肉鸡的2006—2016年投入要素改进来看，改进的变化并不稳定，可能有的年份投入要素存在较小比例的冗余，但有些年份有时会出现较大的冗余，改进比例并不是一直在降低，而且不同省份同时在2016年实现投入要素最佳，这些现象可能与不同时期肉鸡生产的内外部环境有关。

2006年、2011年、2016年山东省肉鸡生产投入冗余情况见表4-8。

表4-8　山东省肉鸡生产投入要素改进参考值

年份	投入产出指标	原值	改进值	目标值	改进比例（%）
2006	每百只主产品产值（元）	1 305.01	0.00	1 305.01	0.00
	每百只人工成本（元）	72.93	−25.47	47.46	34.92
	每百只仔畜进价（元）	149.60	−24.23	125.37	16.19
	每百只精饲料费用（元）	844.42	−136.79	707.63	16.19
	每百只燃料动力费（元）	24.96	−8.15	16.81	32.65
	每百只医疗防疫费（元）	58.37	−9.45	48.92	16.18
	每百只间接费用（元）	22.38	−4.75	17.63	21.22
2011	每百只主产品产值（元）	1 403.07	0.00	1 403.07	0.00
	每百只人工成本（元）	110.97	−41.80	69.17	37.66
	每百只仔畜进价（元）	257.43	−58.80	198.62	22.84
	每百只精饲料费用（元）	998.60	−228.12	770.48	22.84
	每百只燃料动力费（元）	59.27	−40.09	19.18	67.63
	每百只医疗防疫费（元）	85.11	−45.60	39.51	53.57
	每百只间接费用（元）	25.83	−10.41	15.42	40.30
2016	每百只主产品产值（元）	1 361.39	0.00	1 361.39	0.00
	每百只人工成本（元）	248.55	0.00	248.55	0.00
	每百只仔畜进价（元）	164.30	0.00	164.30	0.00
	每百只精饲料费用（元）	882.86	0.00	882.86	0.00
	每百只燃料动力费（元）	3.50	0.00	3.50	0.00
	每百只医疗防疫费（元）	72.72	0.00	72.72	0.00
	每百只间接费用（元）	20.06	0.00	20.06	0.00

2006年、2011年、2016年吉林省肉鸡生产投入冗余情况见表4-9。

表 4-9　吉林省肉鸡生产投入要素改进参考值

年份	投入产出指标	原值	改进值	目标值	改进比例（%）
2006	每百只主产品产值（元）	1 775.86	0.00	1 775.86	0.00
	每百只人工成本（元）	114.03	−34.36	79.67	30.13
	每百只仔畜进价（元）	205.84	−30.40	175.44	14.76
	每百只精饲料费用（元）	960.86	−1.15	959.71	0.11
	每百只燃料动力费（元）	29.95	−0.03	29.92	0.10
	每百只医疗防疫费（元）	48.14	−0.05	48.09	0.10
	每百只间接费用（元）	37.19	−4.20	32.99	11.29
2011	每百只主产品产值（元）	1 755.31	0.00	1 755.31	0.00
	每百只人工成本（元）	203.62	−114.05	89.57	56.01
	每百只仔畜进价（元）	203.75	−16.09	187.66	7.89
	每百只精饲料费用（元）	1 178.62	−93.10	1 085.52	7.89
	每百只燃料动力费（元）	29.90	−14.94	14.96	49.96
	每百只医疗防疫费（元）	36.23	−2.86	33.37	7.89
	每百只间接费用（元）	24.77	−1.95	22.82	7.87
2016	每百只主产品产值（元）	1 842.47	0.00	1 842.47	0.00
	每百只人工成本（元）	351.42	0.00	351.42	0.00
	每百只仔畜进价（元）	165.64	0.00	165.64	0.00
	每百只精饲料费用（元）	1 229.40	0.00	1 229.40	0.00
	每百只燃料动力费（元）	37.98	0.00	37.98	0.00
	每百只医疗防疫费（元）	28.52	0.00	28.52	0.00
	每百只间接费用（元）	23.80	0.00	23.80	0.00

2. 不同省份黄羽肉鸡

不同省份黄羽肉鸡的投入要素冗余及改进差异较大。以上分析全国黄羽肉鸡投入要素冗余的总体情况，下面选择黄羽肉鸡的主要代表省份广东省和安徽省为例，选择 2006 年、2011 年和 2016 年三个年份分析不同省份投入要素的冗余情况及其变化。广东省黄羽肉鸡所有投入要素量在2006 年达到最优，没有冗余，而在 2011 年和 2016 年都存在不同程度的冗余。冗余量较多的是仔畜进价、精饲料费用和人工成本，冗余相对量较多的是仔畜进价、精饲料费用、人工成本、间接费用，如 2011 年人工费用需要减少 6.64 元、饲料费用需要减少 89.47 元，分别降低到 113.36元、1 203.82 元才是最佳投入量，2016 年人工成本需要减少 53.64 元，饲料费用需要减低 196.94 元。其他燃料动力费、医疗防疫费和间接费用也都存在 5％以上的冗余，这些都会导致生产效率的损失。而安徽省的黄羽肉鸡在 2006 年、2011 年和 2016 年所有投入要素均没有冗余，达到了最佳量。可见不同省份之间，由于地理位置、养殖方式、养殖规模、品种类型、管理等方面存在较大差异，表现在生产效率上也存在较大差别。总之，对黄羽肉鸡产业来说，通过加强品种培育，降低仔畜成本，提高饲料营养和科学的饲喂，降低饲料成本，推动标准化、智能化、规模化养殖，降低单位人工成本，是提高黄羽肉鸡生产效率的主要途径。

2006 年、2011 年、2016 年广东省肉鸡生产投入冗余情况见表 4-10。

表 4-10　广东省肉鸡生产投入要素改进参考值

年份	投入产出指标	原值	改进值	目标值	改进比例（％）
2006	每百只主产品产值（元）	1 426.91	0.00	1 426.91	0.00
	每百只人工成本（元）	56.19	0.00	56.19	0.00
	每百只仔畜进价（元）	156.35	0.00	156.35	0.00
	每百只精饲料费用（元）	961.35	0.00	961.35	0.00
	每百只燃料动力费（元）	7.80	0.00	7.80	0.00
	每百只医疗防疫费（元）	44.85	0.00	44.85	0.00
	每百只间接费用（元）	40.58	0.00	40.58	0.00
2011	每百只主产品产值（元）	1 676.04	0.00	1 676.04	0.00
	每百只人工成本（元）	120.00	−6.64	113.36	5.53
	每百只仔畜进价（元）	194.97	−26.09	168.88	13.38
	每百只精饲料费用（元）	1 293.29	−89.47	1 203.82	6.91
	每百只燃料动力费（元）	7.28	−0.36	6.92	4.94
	每百只医疗防疫费（元）	58.67	−2.96	55.71	5.04
	每百只间接费用（元）	20.45	−3.99	16.46	21.12
2016	每百只主产品产值（元）	1 608.59	0.00	1 130.23	0.00
	每百只人工成本（元）	187.38	−53.64	133.74	28.62
	每百只仔畜进价（元）	178.56	−22.66	155.90	12.69
	每百只精饲料费用（元）	1 149.01	−196.94	952.07	17.13
	每百只燃料动力费（元）	17.26	−1.30	15.96	7.53
	每百只医疗防疫费（元）	50.01	−3.78	46.23	7.55
	每百只间接费用（元）	18.22	−1.38	16.84	7.57

2006 年、2011 年、2016 年安徽省肉鸡生产投入冗余情况见表 4-11。

表4-11　安徽省肉鸡生产投入要素改进参考值

年份	投入产出指标	原值	改进值	目标值	改进比例（%）
2006	每百只主产品产值（元）	1 035.35	0.00	1 035.35	0.00
	每百只人工成本（元）	65.77	0.00	65.77	0.00
	每百只仔畜进价（元）	98.11	0.00	98.11	0.00
	每百只精饲料费用（元）	648.04	0.00	648.04	0.00
	每百只燃料动力费（元）	6.44	0.00	6.44	0.00
	每百只医疗防疫费（元）	38.78	0.00	38.78	0.00
	每百只间接费用（元）	28.90	0.00	28.90	0.00
2011	每百只主产品产值（元）	1 605.14	0.00	1 605.14	0.00
	每百只人工成本（元）	63.38	0.00	62.38	0.00
	每百只仔畜进价（元）	174.65	0.00	174.65	0.00
	每百只精饲料费用（元）	929.19	0.00	929.19	0.00
	每百只燃料动力费（元）	14.42	0.00	14.42	0.00
	每百只医疗防疫费（元）	70.51	0.00	70.51	0.00
	每百只间接费用（元）	27.38	0.00	27.38	0.00
2016	每百只主产品产值（元）	1 599.27	0.00	1 599.27	0.00
	每百只人工成本（元）	136.00	0.00	136.00	0.00
	每百只仔畜进价（元）	156.00	0.00	156.00	0.00
	每百只精饲料费用（元）	1 013.19	0.00	1 013.19	0.00
	每百只燃料动力费（元）	24.20	0.00	24.20	0.00
	每百只医疗防疫费（元）	59.80	0.00	59.80	0.00
	每百只间接费用（元）	12.30	0.00	12.30	0.00

4.5.3　白羽、黄羽肉鸡利润率改进情况

利润率指的是剩余价值与全部预付资本的比率，反映的是厂商在一定时期，生产经营利润水平的相对综合指标。利润率指的是既可以考核厂商的利润计划完成情况，也可以是比较不同企业、不同时期的生产经营管理水平，从而进一步提高了企业的经济效益。在此基础上，我们研究成本利润率，其指的是厂商利润与生产成本费用之间的关系，可用下面的式子来表示，即：

成本利润率=厂商的利润/厂商的生产成本费用。其中：厂商的生产成本费用=厂商的主营业务成本+厂商的其他业务成本+厂商的营业费用+

厂商的管理费用＋厂商的财务费用；厂商的利润＝厂商的营业利润＋厂商的投资收益＋厂商的补贴收入＋厂商的营业外收入－厂商的营业外支出。

在实际生产中，如果厂商的成本利润率越高，表明了厂商为了取得自身利润而付出的代价相对越小，也从一个方面反映出厂商的成本费用总体控制得相对较好，厂商的总体盈利能力相对越强。

在《全国农产品成本收益资料汇编》中，肉鸡的产值包括主产品产值和副产品产值，总成本包括厂商的生产成本和土地成本。具体来说，肉鸡养殖户（场）成本利润率计算如下：

肉鸡养殖户（场）成本利润率＝肉鸡产业净利润/肉鸡总生产成本×100％

根据《全国农产品成本收益资料汇编》，2017 年我国大中小规模肉鸡成本收益情况见表 4－12。2017 年，我国每百只规模肉鸡产值合计为 2 643.14 元，总生产成本为 2 495.51 元，净利润为 147.63 元，从而可以得出，我国大中小规模肉鸡平均成本利润率为 5.92％。

表 4－12　2017 年我国规模肉鸡成本收益情况

项　目	单位	规模肉鸡	分规模		
			小规模	中规模	大规模
每单位					
主产品产量	千克	230.16	244.53		
产值合计	元	2 643.14	2 598.74	2 712.94	2 617.74
主产品产值	元	2 615.60	2 570.98	2 686.64	2 589.17
副产品产值	元	27.54	27.76	26.30	28.57
总成本	元	2 495.51	2 615.57	2 444.18	2 427.10
生产成本	元	2 489.99	2 612.53	2 437.67	2 420.09
物质与服务费用	元	2 205.81	2 244.98	2 147.85	2 224.59
人工成本	元	284.18	367.55	289.82	195.50
家庭用工折价	元	237.67	367.55	240.99	104.79
雇工费用	元	46.51		48.83	90.71
土地成本	元	5.52	3.04	6.51	7.01
净利润	元	147.63	−16.83	268.76	190.64
成本利润率	％	5.92	−0.64	11.00	7.85

资料来源：《全国农产品成本收益资料汇编（2018 年）》。

从表4-12中可以看出，规模肉鸡中副产品产值27.54元，占规模肉鸡产值合计的比例仅为1.04%；土地成本5.52元，占肉鸡总成本的比例仅为0.22%，所占比例均较少。为计算白羽肉鸡、黄羽肉鸡生产投入冗余要素调整前后成本利润率变化情况，我们在计算过程中，忽略肉鸡副产品和土地成本，将肉鸡产值合计暂定为主产品产值，总成本暂定为每百只人工成本、仔畜进价、精饲料费用、燃料动力费、医疗防疫费和间接费用之和，根据上一节白羽肉鸡、黄羽肉鸡生产投入要素情况，从而得出调整前白羽肉鸡、黄羽肉鸡成本利润率：

白羽肉鸡成本利润率＝净利润/总成本＝（产值合计－总成本）/总成本＝（主产品产值－人工成本－仔畜进价－精饲料费用－燃料动力费－医疗防疫费－间接费用）/（人工成本＋仔畜进价＋精饲料费用＋燃料动力费＋医疗防疫费＋间接费用），即

白羽肉鸡成本利润率＝（3 099.50－551.68－471.45－2 504.54－67.62－108.33－57.01）÷（551.68＋471.45＋2 504.54＋67.62＋108.33＋57.01）＝－17.58%

根据前一节白羽肉鸡投入冗余分析，白羽肉鸡每百只人工成本、仔畜进价、精饲料费用、燃料动力费、医疗防疫费和间接费用分别过量338.64元、69.15元、420.58元、35.42元、34.69元、13.53元，调整后，这六项生产成本投入分别调整为213.04元、402.30元、2 083.96元、32.20元、73.64元、41.47元，重新计算白羽肉鸡成本收益率：

白羽肉鸡成本利润率＝（3 099.50－213.04－402.30－2 083.96－32.20－73.64－43.47）÷（213.04＋402.30＋2 083.96＋32.20＋73.64＋43.47）＝8.80%

白羽肉鸡成本利润率由亏损17.58%，提高到盈利8.80%，提高了26.38个百分点。

同样，可以得出，调整前，黄羽肉鸡成本利润率：

黄羽肉鸡成本利润率＝（4 952.09－360.09－462.90－2 885.90－32.68－105.28－75.80）÷（360.09＋462.90＋2 885.90＋32.68＋105.28＋75.80）×100%＝26.24%

根据前一节白羽肉鸡投入冗余分析，黄羽肉鸡每百只人工成本、仔畜

进价、精饲料费用、燃料动力费、医疗防疫费和间接费用分别过量 33.34 元、83.21 元、299.73 元、4.19 元、16.00 元、19.89 元，调整后，这六项生产成本投入分别调整为 326.75 元、379.69 元、2 586.16 元、28.48 元、89.28 元、55.91 元，计算调整后黄羽肉鸡成本收益率：

黄羽肉鸡成本利润率 ＝（4 952.09－326.75－379.69－2 586.16－28.48－89.28－55.91）÷（326.75＋379.69＋2 586.16＋28.48＋89.28＋55.91）＝42.87％

从而，得出黄羽肉鸡成本利润率提高了 16.63 个百分点。

4.6　本章小结

1. 肉鸡平均综合技术效率、技术效率和规模效率较高，但均未达到最优，相对技术效率改进的空间更大些

肉鸡综合技术效率较高，仍未达到最优效率，存在一定的效率损失，技术应用和规模效率对效率的损失都有贡献，但规模效率高于技术效率，因而相对技术效率改进的空间更大些。从不同品种来看，黄羽肉鸡综合技术效率和技术效率均高于白羽肉鸡，而规模效率低于白羽肉鸡；从不同省份来看，有一半以上的省份综合技术效率达到最优，地区间差别明显。综合技术效率值达到 1 的只有福建、广西、海南和江苏等 4 个省份，其技术效率和规模效率都达到 1。

2. 肉鸡全要素生产率呈波动性，在大部分年份是提高的，但年均下降 1.6％，TFP 变动主要是由技术变化引起的

技术变化的波动趋势与 TFP 的变动基本一致，平均每年下降 0.9，稍有退步。白羽肉鸡全要素生产率略有下降，呈波动性且波动趋大，黄羽肉鸡全要素生产率略有下降，且波动相对较小。白羽肉鸡和黄羽肉鸡 TFP 都呈现一定的波动性，部分年份变动趋势相同，部分年份变动趋势相反。

3. 肉鸡投入产出要素存在一定的冗余

白羽肉鸡绝对投入量改进较多的是人工成本和饲料费用，相对投入量改进较多的是人工费用、燃料动力费、间接费用、医疗防疫费。黄羽肉鸡所有投入要素冗余为 0。不同省份白羽肉鸡要素投入冗余差别较大，并且改进并不稳定；不同省份黄羽肉鸡的投入要素冗余及改进差异较大，冗余量较多的是仔畜进价、精饲料费用和人工成本，冗余相对量较多的是仔畜进价、精饲料费用、人工成本、间接费用。

4. 肉鸡生产中，投入冗余量改进后成本利润率提升较大

2017 年，我国白羽肉鸡成本利润率总体亏损 17.58%，将人工成本、仔畜进价、精饲料费用、燃料动力费、医疗防疫费和间接费用等投入冗余量剔除后，成本利润率为盈利 8.80%，提高了 26.38 个百分点；黄羽肉鸡成本利润率为 26.24%，剔除投入冗余量后，成本利润率提高至 42.87%，提高了 16.63 个百分点。

第五章 肉鸡质量提升及质量成本弹性测算

习近平总书记提出，实施乡村振兴战略，必须深化农业供给侧结构性改革，走质量兴农之路。党的十九大报告提出，建设现代化经济体系的核心是推动高质量发展。2018 年 3 月，农业部办公厅印发《2018 年畜牧业工作要点》提出畜牧业要以"优供给、强安全、保生态"为目标，以"增效"为着力点加快转变生产方式，加快推动畜牧业转型升级，从而实现高质量发展。《国家质量兴农战略规划（2018—2022 年）》提出，要紧紧围绕提质导向，进一步优化农业要素配置，加快推进农业高质量发展。

农产品质量安全是生产经营者"生产"出来的，而不是执法部门"监管"出来的（吴仲斌，2011；钟真等，2014）。农产品质量水平的提升必须考虑产品的生产成本。在日常生活中，对于农产品品质优劣的评价，消费者通常会以产品质量高低、生产加工流通过程安全与否等来衡量。在购买肉类时，收入较高家庭与收入较低的家庭相比，往往会购买更好的和更贵的肉类品种（陈琼，2010），在某种意义上，价格更高代表质量更优。这是从消费者的角度对农产品质量进行分析。从生产者的角度，肉鸡生产质量控制水平高低（本书统一称为：肉鸡质量）与生产成本之间存在着什么样的关系，是否也存在投入更多的生产成本，就会带来更高的质量呢，当前我国肉鸡质量如何，与哪些因素有关？基于以上的思考，通过学习国内外相关研究，当前国内外关于肉鸡的质量成本弹性、质量水平方面的分析研究尚不多，在国家大力推进质量兴农的大背景下，系统研究肉鸡质量与成本之间的关系以及质量水平，并在此基础上的作用机理分析对于我国肉鸡产业的高质量发展具有重要意义。本章节重点研究肉鸡质量与成本、产量与成本之间的关系，在测算出肉鸡质量弹性、产量弹性的基础上，进一步推导出肉鸡的质量，分析比较大、中、小规模及白羽、黄羽肉鸡质量，进而提出促进肉鸡产业高质量发展的意见建议。

5.1　质量的相关定义及研究现状

5.1.1　肉鸡质量的定义

质量经常被称为"第二产量"（Chambers，2002）。农产品总成本由产量与质量成本构成（冯忠泽，2009）。"质量安全"是指产品的"品质"和"安全"（郭克莎，1992；钟真等，2014；樊铭勇，2017）；"品质"以"安全"为基础，不直接危害人体健康的、能构成其使用价值的非安全属性定义为品质（钟真等，2013）。国外研究文献中，质量（quality）包含了外观、安全、营养等所有属性（Caswell，1998），而在我国日常生活中，更习惯用"质量安全"来指代农产品的所有质量属性。为此，本书将"质量安全"和"质量"两个概念具有同样的内涵。在本研究中，我们将质量作为农产品除产量之外的第二属性，将质量与产量同等考虑。

5.1.2　质量的测量与估计

质量作为产出的食品质量安全与营养质量对消费者至关重要（Mylona，2018）；质量是一个潜在变量（Gertler，1992）；质量被称为第二产量（Chambers，2002）。随着人民生活水平的提高，相比于产量，消费者对产品质量方面给予了更多的关注，但是对于质量方面的相关实证研究相对较少，原因有两个方面：一方面基于质量的考量，哪些指标可以代表质量；另一方面是关于质量数据的获取，数据是质量测算的最大难题（Chambers，2002）。对于企业而言，获取生产多少个产品，比较容易，但是要获取生产中工艺流程、质量管控等方面的数据则有很大的难度。基于此，Rosen（1974）构建了竞争行业模型，主要研究测度生产质量差异化的产品质量，Gertler 和 Waldman（1992）构建了可以在质量内生和不可观测的条件下估计成本函数的方法；之后其方法逐步从线性向非线性、从参数向非参数估计方向发展（Jaenicke and Lengnick，1999；Lamber and Wlison，2003；Egan et al.，2009；Zago，2009）。Gertler 和 Waldman（1992）建立估算质量调整后的成本函数模型，即生产过程的成本函数，产出和产品质量被视为联合产品，在此模型中，疗养院是一个在当地市场具有垄断力量的公司，质量被计量经济学家认为是未观察到的内生变量，他们的研究结果表明虽然质量未被观察到，但需求变量的变化可用于在质量调整的跨越成本函数中识别质量参数。在畜产品应用上，Antle（1998）运用 Gertler 和 Waldman（1992）的模型，使用来自制造业普查的工厂级数据，构建了牛肉、猪肉和家禽屠宰加工厂的质量调整成本函数，运用似不相关回归方程（SUR）对肉类（牛肉、猪肉、禽类）质量成本弹性系数进行测算，证明了肉制品的质量安全将影响企业的生产效率，政府加强质量管控、生产者提高质量需要付出成本，并提出了"天下并没有免费的安全午餐"经典论证；Belasco et al（2010）认为美国牛肉质量等级溢价可能不会产生预期的生产者反应。钟真（2014）使用奶牛养殖户的抽样调查数据对生鲜乳质量安全和数量的成本弹性进行了估算，得出了生鲜乳的质量安全是规模不经济、扩大奶业生产规模有利可图的结论。

5.1.3　成本质量弹性和产量质量弹性

　　弹性概念在经济学领域应用广泛。在实际生产生活中，由弹性的一般性概念引申到需求价格弹性、供给价格弹性、收入弹性、产出弹性等。这些弹性为政府决策、科学研究和企业生产等发挥了十分重要的作用。改革开放以前，质量问题一直被看做是技术经济方面的问题，并没有引起经济学领域专家们的注意，一直到郭克莎在《质量经济学概论》（1992）才正式从经济学角度研究质量，建立了质量经济学理论体系。微观质量经济分析重点研究质量指标的替代和弹性、质量与生产、成本、数量的关系（银路，1995）。需求质量弹性指的是在一定时期内一种商品或者产品的质量生产成本变动一定比例所引起的该商品或产品需求量的变动比例。根据弹性的一般概念，质量弹性的实质是质量变动对需求量的影响程度，并可以分为富有弹性（＞1）、单位弹性（＝1）和缺乏弹性（＜1）三大类（刘彤，2011）。Antle（2000）基于 Gertler 和 Waldman（1992）模型，测算出肉类成本质量弹性和产量弹性，见表5-1。计算得出生产成本随着质量水平的提高而增加。

表5-1　牛肉、猪肉和禽肉质量和产量的成本弹性平均值

变　量	牛　肉		猪　肉		禽　肉	
	小规模	大规模	小规模	大规模	小规模	大规模
质量成本弹性（E_q）	0.739	0.728	0.153	0.263	0.430	0.506
产量成本弹性（E_y）	0.978	0.913	0.953	1.079	0.834	0.921

资料来源：Antle（1998）。

钟真（2014）采用奶牛养殖户（场）的抽样调查数据，分全部样本、家庭式散养、园区化养殖等三种方式分别计算生鲜乳质量安全和数量产量两种成本弹性，结果见表5-2，并指出，样本平均的生鲜乳质量安全达到1.93，其意义指的是要使生鲜乳质量平均提高1%，那么所付出的成本平均需要提高1.93%。这也在一定意义上反映，质量的提升与提高产量类似，需要花费一定的成本，有时候甚至需要更大的投入。

表5-2　生鲜乳质量和产量的成本弹性均值

变　量	全部样本	家庭式散养	园区化养殖
质量安全成本弹性（E_q）	1.93	1.58	2.35
产量成本弹性（E_y）	0.47	0.45	0.59

资料来源：钟真（2014）。

5.2　肉鸡质量的理论分析与模型设定

肉鸡养殖户作为鸡肉质量的源头控制者，其质量水平直接决定了鸡肉质量水平；鸡肉加工企业以检测为手段对鸡肉质量进行第二道控制，其检测力度对鸡肉质量也起到关键性作用。从目前的鸡肉质量安全状况来看，绝大部分鸡肉质量安全隐患隐匿于养殖环节。因此，本书研究重点是肉鸡生产者即养殖环节的质量水平以及质量与成本、产量与成本存在的变化关系。本书借鉴 Antle（2000）、Gertler（1988）、Gertler and Waldman

（1992）和钟真（2014）提到"把质量作为一个潜变量"及引入"经过质量调整后的成本函数"的方法，依据 Antle（2000）使用的"肉类行业质量的成本函数模型"，进而估计农产品质量的成本弹性、收入弹性，在此基础上，进一步测算出农产品质量及农产品质量与规模、成本之间的经济关系问题。

5.2.1　质量生产函数与成本函数

首先，确定肉鸡质量的生产函数形式。基于以上分析，假定用 y 代表某个企业的肉鸡产量，q 代表该企业生产的肉鸡质量，w 代表该企业投入的如劳动力、饲料等可变成本投入，k 代表该企业投入的厂房等固定资本投入，引用生产函数理论，则该企业产量的生产函数可以用 $y=f_y(w_y, k_y)$ 来表示，同理，我们也可以用可变投入、固定资本投入来表示质量，得出该企业质量的生产函数为

$$q=f_q(w_q, k_q)$$

第二，进一步确定肉鸡质量的成本函数形式。肉鸡发展生产需要一定的成本，而提升品种质量与提高产出数量同样是需要成本的，且很可能需要投入更高的生产成本以提高质量水平（钟真等，2014）。Antle（1998）提出的将质量成本可以细化分解为与产量和质量相关的可变成本、与产量无关但与质量控制相关的可变成本及固定成本等三个方面内容的做法，即用 $C(y,q,w,k)=vc(y,q,w,k)+qc(q,w,k)+fc(k)$ 来表示。我们学习借鉴 Antle 的做法，结合我国肉鸡产业发展实际，继续沿用生产函数的分析方法，假定用 y 代表某个企业的肉鸡产量，q 代表该企业生产的肉鸡质量，w 代表该企业投入的如劳动力、饲料等可变成本投入，k 代表该企业投入的厂房等固定资本投入，引用成本函数理论，将质量作为与产量同样属性看待后，我们将质量纳入总的生产成本之中，按照成本理论，推导出一般意义上的成本函数形式为 $C(y,q,w,k)$，进一步可以细分为产量的成本函数和质量的成本函数，可以用 $C_y(y,q,w,k)$ 和 $C_q(y,q,w,k)$ 来表示。综上分析，我们在本章研究中，使用 $q=f_q(w_q,k_q)$ 和 $C_q(y,q,w,k)$ 作为肉鸡的生产函数和成本函数。

5.2.2　肉鸡质量的成本函数、成本弹性及质量测算设定

首先，定义肉鸡质量的生产函数。在假定肉鸡初级价格外生及农产品投入与产出之间相互联系与相互独立的前提条件，为全面客观反映肉鸡供给、需求两个方面如何影响肉鸡质量水平，可将肉鸡质量的生产函数定义如下：

$$q=(x, w) \tag{1}$$

其中，q 为肉鸡质量，x 为影响肉鸡质量需求的价格、产业政策等诸多外生因素变量，w 为影响肉鸡质量供给的包含固定资本投入（如厂房固定资产折旧）和可变资本投入（如劳动力、原材料等）外生生产要素的价格向量。

第二，定义肉鸡质量的成本函数。肉鸡质量贯穿于农产品生产、加工、流通、消费的全过程，一方面要考虑生产过程中产品的质量问题，另一方也要考虑农产品加工（包装和加工程度）、流通、消费过程中的安全问题。为表示提升农产品食品安全可能会对农产品生产成本产生的影响，本书遵循 Antle（1998）的方法，引入 $C(y, q, w)$ 三元组来表示肉鸡质量的差异化，即肉鸡质量的成本函数为：

$$C=C(y, q, w) \tag{2}$$

其中，y 表示肉鸡单位产量，q 表示其他非安全质量属性的向量（例如处理程度），主要是通过使用各种质量控制技术，包括产品检验，过程控制，新的食品安全要求的危害分析关键控制点（HACCP）技术、农产品检验测试以及食品行业等安全生产保护产品的质量安全性，w 主要包括固定资产和可变资本投入（如劳动力、原材料等）等外生生产要素的价格变量。为客观地反映投入要素对成本的影响，沿用 Antle（1998）提到的研究方法，采用超越对数成本函数进行研究，根据 Antle（1998）提到的"行业资本存量不随工厂变化，为了简化模型，假定行业资本不变，研究中不纳入考虑"的办法，这符合农产品生产成本项目较多并且规模效益可变的实际情况。根据超越对数成本函数的定义，可得：

$$\ln C = \beta_0 + \beta_y \ln y + \frac{1}{2}\beta_{yy}(\ln y)^2 + \beta_{yq}\ln y \ln q + \beta_{yf}\ln y \ln \omega_f + \beta_{yl}\ln y \ln \omega_l +$$

$$\gamma_q \ln q + \frac{1}{2}\gamma_{qi}(\ln q)^2 + \gamma_{qf}\ln q \ln \omega_f + \gamma_{ql}\ln q \ln \omega_l + \delta_f \ln \omega_f +$$

$$\frac{1}{2}\delta_{ff}(\ln \omega_f)^2 + \delta_{fl}\ln \omega_f \ln \omega_l + \delta_l \ln \omega_l + \frac{1}{2}\delta_{ll}\ (\ln \omega_l)^2 \qquad (3)$$

应用 shephard 引理，对 ω_f、ω_l 两个生产要素进行一阶偏微分，得到如下成本份额方程：

$$C_f = \frac{\partial \ln C}{\partial \ln \omega_f} = \delta_f + \delta_{ff}\ln \omega_f + \delta_{lf}\ln \omega_l + \beta_{yf}\ln y + \gamma_{qf}\ln q \qquad (4)$$

$$C_l = \frac{\partial \ln C}{\partial \ln \omega_l} = \delta_l + \delta_{ll}\ln \omega_l + \delta_{fl}\ln \omega_f + \beta_{yl}\ln y + \gamma_{ql}\ln q \qquad (5)$$

其中，C_f、C_l 分别表示饲料、劳动力等生产要素的成本份额，两者之和等于 1，即 $C_f + C_l = 1$。根据超越对数成本函数的一阶线性同质性的条件，系数还需要满足如下条件：$\delta_f + \delta_l = 1$，$\delta_{fi} + \delta_{li} = 0$，$i = f$、$l$；$\beta_{yf} + \beta_{yl} = 0$，$\gamma_{qf} + \gamma_{ql} = 0$，其中 $\delta_{fi} + \delta_{li} = 0$，$i = f$、$l$，可以推导得出：$\delta_{ff} = \delta_{ll} = -\delta_{fl} = -\delta_{lf}$。在计算中，可以将（3）式与（4）式、（5）式同时联立估计。

从前面的分析，由于肉鸡质量是一个潜变量，也就是知道肉鸡质量常常无法完整地得到体现，我们在计算中需要借鉴 Gertler（1988）中提到的潜变量模型。为了简化计算，我们将 $q = (x, w)$ 代入超越对数成本函数中来估计参数，关于 $q = (x, w)$ 的具体方程形式，我们也沿用柯布—道格拉斯生产函数（C—D 函数）形式，那么可以推导出一个关于生产要素 C_f、C_l 和价格向量的函数，形式如下：

$$\ln q = \alpha_0 + \alpha_P \ln p + \alpha_f \ln \omega_f + \alpha_l \ln \omega_l \qquad (6)$$

其中，P 表示肉鸡的价格。为了简化方程的计算和相关参数，本书使用 Antle（1998）关于质量成本函数方程中相关指标及参数的做法，作如下的处理：一是鉴于质量成本函数方程中没有直接定义质量的单位（如产品的污染程度等），为了处理方便，我们将 $\alpha_P = 1$；二是由于质量成本函数暂时没有办法识别（6）式的截距 α_0，我们将 $\alpha_0 = 0$；三是由于潜变量 q 的二次项容易增加变量之间潜在的共线性，为了减轻计算的负担，我们将其质量的二次项的系数设定为 0。根据以上三方面的设定，我们可以将（6）式转化为：

$$\ln q = \ln p + \alpha_f \ln \omega_f + \alpha_l \ln \omega_l \tag{7}$$

将（7）代入（3）、（4）、（5），并进行合并计算后，可以得出超越对数成本函数方程如下：

$$
\begin{aligned}
\ln C = {} & \beta_0 + \beta_y \ln y + \frac{1}{2}\beta_{yy}(\ln y)^2 + (\beta_{yl} + \beta_{yq}\alpha_l)\ln y \ln \omega_l + \\
& (\beta_{yf} + \beta_{yq}\alpha_f)\ln y \ln \omega_f + \gamma_q \ln p + \beta_{yq}\ln y \ln p + \gamma_{yf}\ln \omega_f \ln p + \\
& \gamma_{yl}\ln \omega_l \ln p + (\delta_f + \gamma_q \alpha_f)\ln \omega_f + (\delta_l + \gamma_q \alpha_l)\ln \omega_l + \\
& \left(\frac{1}{2}\delta_{ff} + \gamma_{qf}\alpha_f\right)(\ln \omega_f)^2 + \left(\frac{1}{2}\delta_{ll} + \gamma_{ql}\alpha_l\right)(\ln \omega_l)^2 + \\
& (\delta_{fl} + \gamma_{qf}\alpha_l + \gamma_{ql}\alpha_f)\ln \omega_f \ln \omega_l
\end{aligned}
\tag{8}
$$

成本份额方程如下：

$$
C_f = \delta_f + (\delta_{ff} + \gamma_{qf}\alpha_f)\ln \omega_f + (\delta_{fl} + \gamma_{qf}\alpha_l)\ln \omega_l + \beta_{yf}\ln y + \gamma_{qf}\ln p \tag{9}
$$

$$
C_l = \delta_l + (\delta_{fl} + \gamma_{ql}\alpha_f)\ln \omega_f + (\delta_{ll} + \gamma_{qf}\alpha_l)\ln \omega_l + \beta_{yl}\ln y + \gamma_{ql}\ln p \tag{10}
$$

在计算中，将（8）式、（9）式、（10）式进行联立方程估计，计算中使用似不相关回归方程（SUR）对 $\ln q$ 进行拟合估计，并将计算所得拟合值代入上述超越对数成本函数（3）式以及相应的成本份额方程（4）式、（5）式中，从而计算出经过调整了的质量成本函数相应系数的估计值和质量成本弹性、产量成本弹性等。

第三，推导确定肉鸡成本质量弹性和产量弹性。

根据对超越对数成本函数的分析计算，我们可以对超越对数成本函数求质量的一阶偏微分，从而得到肉鸡质量的成本弹性方程：

$$
E_q = \frac{\partial \ln C}{\partial \ln q} = \gamma_q + \beta_{yq}\ln y + \gamma_{qq}\ln q + \gamma_{qf}\ln \omega_f + \gamma_{ql}\ln \omega_l \tag{11}
$$

其中，E_q 表示肉鸡质量变化对总成本的影响，即，肉鸡质量提高（或降低）1 个百分点，所引起的总成本的变化比例。

同样，我们可以对超越对数成本函数求产量的一阶偏微分，从而得到肉鸡产量的弹性方程：

$$
E_y = \frac{\partial \ln C}{\partial \ln y} = \beta_y + \beta_{yy}\ln y + \beta_{yq}\ln q + \beta_{yf}\ln \omega_f + \gamma_{yl}\ln \omega_l \tag{12}
$$

其中，E_y 表示肉鸡产量变化对总成本的影响，即，肉鸡产量提高（或降低）1 个百分点，所引起的总成本的变化比例。

第四，测算肉鸡质量水平。根据超越对数函数计算时，将（8）、（9）、（10）式进行相应的联立估计，计算中运用似不相关回归方程（SUR）方法对 lnq 进行拟合估计，得出 lnq 的参数估计值，我们使用去对数方程求导出农产品质量 q，方程如下：

$$q = \exp（\ln q） \qquad (13)$$

测算出的肉鸡质量，可以从另外一个角度研究肉鸡产业发展实际情况。

5.2.3　肉鸡质量成本函数模型的建立

在生产函数中，生产要素一般包括土地、劳动、资本等生产要素。从第四章生产效率章节分析可以得出，肉鸡生产中饲料费用、人工成本等所占总成本比重相对较大，肉鸡生产中，饲料费用和人工成本约占 80%，因此这两种投入要素的价格变动能够直接影响肉鸡生产者的成本收益。根据 Antle（1998）提到的"假定行业资本不变，研究中不纳入考虑"的办法，本书研究中，主要集中肉鸡的饲料、劳动力两种生产要素，即假定 W 包括饲料（W_f）和劳动（W_l）两种生产要素。超越对数成本函数的具体形式如下：

$$\ln C_{it} = \beta_0 + \beta_y \ln y_{it} + \frac{1}{2}\beta_{yy}（\ln y_{it}）^2 + \beta_{ys}\ln y_{it}\ln q_{it} +$$

$$\beta_{yf}\ln y_{it}\ln\omega_{fit} + \beta_{yl}y_{it}\ln\omega_{lit} + \gamma_q\ln q_{it} + \frac{1}{2}\gamma_{qq}（\ln q_{it}）^2 +$$

$$\gamma_{qf}\ln q_{it}\ln\omega_{fit} + \gamma_{ql}\ln q_{it}\ln\omega_{lit} + \delta_f\ln\omega_{fit} + \frac{1}{2}\delta_{ff}（\ln\omega_{fit}）^2 +$$

$$\delta_{fl}\ln\omega_{fit}\ln\omega_{lit} + \delta_l\ln\omega_{lit} + \frac{1}{2}\delta_{ll}（\ln\omega_{lit}）^2 + \vartheta_{it} + \mu_{it} \qquad (14)$$

其中，i 为样本的省份数（$i=1, 2, \cdots, n$）；t 为时间年份（$t=1, 2, \cdots, n$），C_{it} 为第 i 省第 t 年肉鸡的总生产成本，y_{it} 为第 i 省第 t 年肉鸡的主产品产量；q_{it} 为第 i 省第 t 年肉鸡的质量；ω_{fit} 为第 i 省第 t 年肉鸡生产投入中饲料的价格；ω_{lit} 为第 i 省第 t 年肉鸡生产投入中劳动力的价格，ϑ_{it} 为随机误差项，μ_{it} 为非负的成本非效率项。

5.3　数据来源和变量选择

5.3.1　数据来源

为保持统计口径的一致性（2004 年起我国对农产品成本收益统计指标和口径作了一定的调整变化），本书按照相应省份、不同年份取中位数的原则，对部分省份缺失数据进行补齐，在此基础上，将历年《中国畜牧业统计》中各省份大、中、小规模肉鸡出栏数考虑在内，为消除物价通货膨胀因素的影响，对投入产出指标进行了指数平减（以 2004 年为基期），统一使用农业生产资料（产品畜）指数进行平减，农业生产资料（产品畜）指数来自历年《中国统计年鉴》及各省统计年鉴。由于西藏自治区肉鸡产业统计起步较晚，为保持统计数据的一致性，本书剔除了西藏自治区，采用河北、山西、北京、天津、内蒙古、吉林、辽宁、黑龙江、江苏、上海、浙江、福建、安徽、江西、河南、山东、湖南、湖北、广东、广西、海南、重庆、云南、四川、贵州、陕西、青海、甘肃、宁夏、新疆 30 个省份 2004—2017 年的大中小规模肉鸡生产投入和产出的面板数据，共 1 260 个样本数据。按照《全国农产品成本收益资料汇编》中关于肉鸡养殖规模的规定，将肉鸡养殖规模划分为大规模、中规模、小规模，即：肉鸡养殖规模介于 300～1 000 只，定义为小规模养殖，对应养殖户为小规模养殖户；肉鸡养殖规模介于 1 000～10 000 只，定义为中规模养殖，对应养殖户为中规模养殖户；肉鸡规模在 10 000 只以上的，定义为大规模养殖，对应养殖户为大规模养殖户。在总的 1 260 个肉鸡生产投入产出样本数据中，大规模、中规模、小规模样本数据分别为 420 个。

5.3.2　变量选择

为统一指标口径，本书研究中投入、产出均以肉鸡生产投入产出作为研究对象，所用的变量选择如下（表 5 - 3）：

（1）总成本（C）：以肉鸡的总生产成本表示，单位为元。

（2）产出（y）：以肉鸡的主产品产量表示，单位为千克。

（3）平均价格（p）：以肉鸡的平均价格来表示，本书按照肉鸡的主产值与主产品产量之间的比值计算得到，单位为元/千克。

（4）精饲料价格（ω_f）：采用肉鸡的精饲料价格表示，本书采用肉鸡生产消耗的精饲料费除以精饲料用量计算得到，单位为元/千克。

（5）劳动力价格（ω_l）：采用肉鸡的劳动力价格表示，主要包括劳动日工价和雇工工价，本书采用家庭用工折价和雇工费用之和与家庭用工天数和雇工天数之和的比值，单位为元/工作日。

（6）精饲料所占成本份额（C_f）：采用肉鸡的精饲料占总成本的比重，单位为%。

（7）劳动力所占成本份额（C_l）：采用肉鸡的劳动力占总成本的比重，单位为%。

表 5-3　肉鸡质量成本函数中引用的主要变量说明与统计特征

变量代码	名称描述	单位	全部样本 (N=1 260)	大规模 (N=420)	中规模 (N=420)	小规模 (N=420)
C	肉鸡总成本	元	128 662.900 (263 442.5)	248 511.400 (407 950.6)	63 636.400 (100 689.1)	73 308.480 (87 898.02)
y	肉鸡产量	千克	13 460.800 (25 567.06)	24 478.520 (38 365.94)	7 654.490 (13 932.69)	8 249.390 (10 741.59)
p	肉鸡平均价格	元/千克	10.322 (2.802)	10.584 (2.353)	10.210 (3.338)	10.176 (2.612)
ω_f	精饲料价格	元/千克	2.777 (0.543)	2.880 (0.541)	2.800 (0.573)	2.653 (0.488)
ω_l	劳动力价格	元/劳动日	37.244 (24.249)	44.349 (28.523)	41.352 (23.759)	20.040 (15.490)
C_f	饲料份额	%	0.708 (0.041)	0.717 (0.040)	0.701 (0.046)	0.707 (0.032)
C_l	劳动力份额	%	0.234 (2.467)	0.068 (0.046)	0.094 (0.107)	0.149 (0.555)

注：括号中数字为标准差。

5.4　模型估计结果及分析

5.4.1　模型的估计结果

本书运用 Stata13.0 软件，运用似无相关回归（SUR，seemingly unrelated regression）对成本函数方程及成本份额方程进行估计。为了考察不同规模养殖方式下的肉鸡质量成本函数及所对应的成本弹性、产量弹性、质量测定等，本书分全部样本、大规模、中规模和小规模样本分别进行了估计，估计结果见表5-4。

表5-4　肉鸡质量超越对数成本函数的估计结果

解释变量	参数符号	全部样本（$N=1\,260$）		大规模（$N=420$）		中规模（$N=420$）		小规模（$N=420$）	
		参数估计值	p-值	参数估计值	p-值	参数估计值	p-值	参数估计值	p-值
$\ln y$	β_y	0.944	0.000	0.948	0.000	0.898	0.000	1.007	0.000
$\ln q$	γ_q	0.078	0.011	-0.733	0.004	0.882	0.012	0.586	0.003
$\ln \omega_f$	δ_f	-0.608	0.000	-0.379	0.093	0.431	0.157	-0.919	0.000
$\ln \omega_l$	δ_l	0.257	0.000	0.239	0.008	0.227	0.006	1.488	0.000
$\ln y \ln y$	β_{yy}	-0.001	0.867	-0.001	0.902	0.001	0.579	-0.002	0.063
$\ln \omega_f \ln \omega_f$	δ_{ff}	-0.131	0.002	0.073	0.303	0.075	0.440	-0.097	0.372
$\ln \omega_l \ln \omega_l$	δ_{ll}	0.064	0.002	-0.002	0.754	0.001	0.827	0.032	0.805
$\ln y \ln q$	β_{yq}	0.023	0.002	0.026	0.056	0.065	0.002	-0.011	0.451
$\ln y \ln \omega_f$	β_{yf}	0.008	0.217	0.002	0.799	0.015	0.300	0.018	0.258
$\ln y \ln \omega_l$	β_{yl}	-0.008	0.007	-0.001	0.608	-0.005	0.145	-0.015	0.574
$\ln q \ln \omega_f$	γ_{qf}	0.660	0.000	0.714	0.000	0.070	0.645	0.375	0.001
$\ln q \ln \omega_l$	γ_{ql}	-0.227	0.000	-0.084	0.064	-0.179	0.000	0.264	0.080
$\ln \omega_f \ln \omega_l$	δ_{fl}	-0.159	0.000	-0.054	0.197	0.055	0.218	0.826	0.000
R^2		0.998		0.999		0.998		0.998	

5.4.2　肉鸡质量的成本弹性计算

在得到了模型的估计系数之后，我们根据估计结果，进一步计算肉鸡质量的成本弹性，将相关系数代入质量的成本弹性方程（11）$E_q=\dfrac{\partial \ln C}{\partial \ln q}$ $=\gamma_q+\beta_{yq}\ln y+\gamma_{qq}\ln q+\gamma_{qf}\ln \omega_f+\gamma_{ql}\ln \omega_l$ 中，就可以得出全部样本、大规模、中规模和小规模下的质量成本弹性：

以全部样本为例，将相关系数代入方程后，得到肉鸡质量的成本弹性

方程:

$$E_q = (0.145\ 856\ 1) + (0.023\ 396\ 6)\ln y + 1/2\ (0.078\ 715)\ln q +$$
$$(0.660\ 970\ 1)\ln\omega_f + (-0.227\ 817\ 4)\ln\omega_l$$

可以计算得出,E_q 的均值为 0.349,标准差为 0.149,最大值为 0.767,最小值为 -0.129。同样的方法,可以计算出大规模肉鸡质量成本弹性平均值为 0.049,标准差为 0.127,最大值为 0.263,最小值为 -0.314;中规模肉鸡质量成本弹性平均值为 0.862,标准差为 0.130,最大值为 1.226,最小值为 0.471;小规模肉鸡质量成本弹性平均值为 1.527,标准差为 0.170,最大值为 1.906,最小值为 1.093(表 5-5)。

表 5-5　不同规模肉鸡质量成本弹性(E_q)对比

养殖规模	均值	标准差	最小值	最大值
全部样本	0.349	0.149	-0.129	0.767
大规模	0.049	0.127	-0.314	0.263
中规模	0.862	0.130	0.471	1.226
小规模	1.527	0.170	1.093	1.906

通过对规模较小的养殖场、中等规模的养殖场、规模较大养殖场和全部样本养殖场的质量成本弹性分析对比,我们可以发现:全部样本下肉鸡质量成本弹性为 0.349,即要使用肉鸡的质量平均提高 1%,那么所付出的成本平均需要提高 0.349%,企业有动力也有能力去提高产品的质量。分规模来看,大规模肉鸡质量成本弹性为 0.049,这说明一体化企业在生产经营中,相比于关注产量而言,一体化企业也更多地关注生产质量管控等,为了追求产品质量而加大了鸡舍厂房、疫病检疫设备等生产成本投入,相关基础设置建成后,并没有完全开足马力进行生产,生产的规模效应还可以继续发挥,提高肉鸡的质量所需要花费的成本相对较少;中规模肉鸡质量成本弹性为 0.862,中规模肉鸡质量水平平均提高 1%,那么所付出的成本平均需要提高 0.862%,生产者有足够的动力去提高肉鸡的质量。小规模肉鸡质量成本弹性为 1.527,要使肉鸡质量水平平均提高 1%,那么所付出的成本需要花费 1.527%,由于提高产品质量需要花费较大的成本,小规模生产者可能没有足够的动力去提高肉鸡质量水平,这也和走

访调研的发现相符，由于当前对肉鸡质量水平的监测体系尚不健全，在肉鸡产业中，还无法通过简单直观地观察辨别肉鸡质量和品质，优质的产品未必能给卖上好价钱。因此，相比于提高肉鸡质量水平而言，小规模养殖户更多地关注肉鸡的产出水平，也更愿意在提高产出水平上下工夫。

（1）分年份看，2004—2017 年，全部样本条件下肉鸡质量成本弹性先增后降，从 2004 年的 0.222 增长到 2011 年的 0.444，然后一直下降至 2017 年的 0.265，这表明在 2011 年之前，每提高肉鸡质量水平需要投入较大的生产成本，而随着肉鸡规模化、专业化养殖的不断加速，大量先进的设备、技术投入肉鸡生产中，相对而言，提高肉鸡质量水平需要花费的成本相对有所降低。分规模来看，大规模、小规模肉鸡质量成本弹性呈现逐年上涨的发展态势（表 5-6），其中，大规模肉鸡成本弹性从 2004 年的 −0.192 上涨至 2017 年的 0.087；小规模肉鸡质量成本弹性从 2004 年的 1.307 上涨至 2017 年的 1.673，增长了 28%。和大规模、小规模发展趋势不同的是，中规模肉鸡质量成本弹性从 2004 年的 0.915 下降到 2017 年 0.714，下降了 21.95%。这说明近年来，各地在推动规模化养殖中，现代化设备的利用，缩短了肉鸡养殖周期，在提高肉鸡成活率和饲料转化率的同时，也进一步降低了在肉鸡质量上的成本花费，肉鸡质量的成本弹性在逐年下降，而小规模养殖，在发展生产的过程中，还是更多地停留在产量上，对于肉鸡的质量水平关注相对较少，这也带来了提高肉鸡质量的成本在逐年增加，需要花费更多的成本在提高肉鸡质量上。

表 5-6　2004—2017 年不同规模肉鸡质量成本弹性（E_q）变动趋势

年份	全部样本	大规模	中规模	小规模
2004	0.222	−0.192	0.915	1.307
2005	0.275	−0.015	0.957	1.307
2006	0.282	−0.075	0.943	1.307
2007	0.314	−0.038	0.981	1.369
2008	0.385	0.048	0.929	1.446
2009	0.405	0.046	0.882	1.458
2010	0.431	0.109	0.885	1.490

（续）

年份	全部样本	大规模	中规模	小规模
2011	0.444	0.135	0.877	1.593
2012	0.405	0.115	0.844	1.661
2013	0.395	0.158	0.791	1.694
2014	0.393	0.126	0.783	1.699
2015	0.354	0.068	0.776	1.697
2016	0.314	0.051	0.792	1.677
2017	0.265	0.087	0.714	1.673

肉鸡大、中、小规模及全部样本条件下，肉鸡质量成本弹性变化情况如图 5-1 所示。

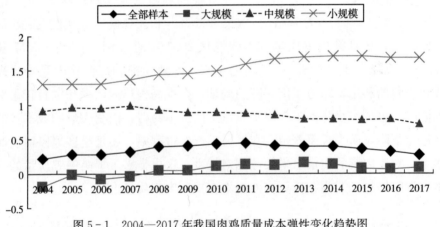

图 5-1　2004—2017 年我国肉鸡质量成本弹性变化趋势图

（2）从分省情况看，本书以中规模肉鸡养殖为例，分别选取 2004 年、2010 年、2017 年三个年份，分析各个省份肉鸡质量成本弹性变化情况。从表 5-7 中可以看出，2004 年，中规模养殖中，吉林（1.221）肉鸡质量成本弹性相对最大，山西（0.731）相对最小，到 2010 年，新疆（1.114）的肉鸡质量成本弹性相对最大，青海（0.621）的质量成本弹性最小，发展到 2017 年，山东（0.883）肉鸡质量成本弹性相对最大，上海（0.480）肉鸡质量成本弹性相对最小，这与吉林、新疆、山东等省份肉鸡养殖中生产投入成本相对较高，肉鸡质量与成本之间的变动关系相对较为密切。从单个省份来看，山东质量成本弹性从 2004 年的 1.068，发展到 2010 年的 1.050，再到 2017 年的 0.883，肉鸡质量成本弹性呈现出下降的发展趋势，也说明肉鸡中规模养殖条件下，各个养殖企业都在努力向更大养殖规模迈进，在此过程中，肉鸡养殖逐步呈现出规模经济，花费在提高肉鸡质量成本所需花费的生产成本是持续下降的（表 5-7）。

表 5-7　各地区中规模肉鸡养殖质量成本弹性（E_q）情况

省份	2004 年	2010 年	2017 年
安　徽	0.859	0.911	0.728
北　京	1.021	0.855	0.499
重　庆	0.793	0.813	0.613
福　建	0.810	0.881	0.841
甘　肃	0.820	0.904	0.710
广　东	1.002	0.945	0.783
广　西	0.976	0.924	0.761
贵　州	0.853	0.871	0.799
海　南	0.744	0.821	0.719
河　北	0.971	0.924	0.817
黑龙江	1.151	0.865	0.704
河　南	1.022	0.981	0.820
湖　北	0.796	0.942	0.795
湖　南	0.800	0.850	0.632
江　苏	0.919	0.975	0.746
江　西	0.745	0.873	0.696
吉　林	1.221	0.881	0.771
辽　宁	1.180	0.721	0.834
内蒙古	0.878	0.786	0.547
宁　夏	0.963	0.945	0.648
青　海	0.789	0.621	0.525
陕　西	0.711	0.967	0.625
山　东	1.068	1.050	0.883
上　海	0.814	0.768	0.480
山　西	0.731	0.796	0.711
四　川	1.005	0.962	0.778
天　津	1.007	0.868	0.655
新　疆	1.040	1.114	0.860
云　南	0.900	0.846	0.774
浙　江	0.866	0.903	0.670

（3）从分品种情况看，根据全国畜牧总站 2017 年各省份白羽肉鸡、黄羽肉鸡占比统计分析，白羽肉鸡占比超过 50％省份有北京、天津、河北、山西、辽宁、吉林、黑龙江、福建、山东、河南、陕西、新疆等 12 个省份，记为白羽肉鸡省份；白羽肉鸡占比不足 50％的省份有内蒙古、上海、江苏、浙江、安徽、江西、湖北、湖南、广东、广西、海南、重庆、四川、贵州、云南、甘肃、青海、宁夏等 18 个省份，本研究将其记做黄羽肉鸡省份，分别计算出 2004—2017 年白羽肉鸡、黄羽肉鸡省份肉鸡质量成本弹性，从而计算得出肉鸡质量成本弹性。2004—2017 年，白羽肉鸡质量成本弹性为 0.754，黄羽肉鸡质量成本弹性 0.139。从各个年份来看，白羽肉鸡质量成本弹性普遍高于黄羽肉鸡，这说明和黄羽肉鸡相比，要提高白羽肉鸡质量水平需要花费更多的生产成本，这也与白羽肉鸡、黄羽肉鸡养殖有很大的关系，黄羽肉鸡作为我国土生土长的地方品种，大多以散养、地面平养为主，虽然黄羽肉鸡饲料转化率不及白羽肉鸡，但是其抗疾病能力要远远优于白羽肉鸡，养殖中投入的兽药和劳动力相对较少。此外，黄羽肉鸡养殖主要集中在南方地区，冬季气温相对高于北方地区，在取暖上的花费也相对投入更少一些。2004 年以来，白羽肉鸡质量成本弹性呈现出逐步上涨的发展趋势，从 2004 年的 0.648 增长到 2013 年的 0.822，增长了 26.85％；黄羽肉鸡质量成本弹性也呈现出先升后降的发展态势，从 2004 年的负值 0.019 增长到 2011 年的 0.251 7（图 5-2）。这些都反映出，近年来，受非洲猪瘟、禽流感疫情、"速生鸡"事件等因素影响，肉鸡生产者更加注重肉鸡质量管控，也更愿意将更多的生产成本用

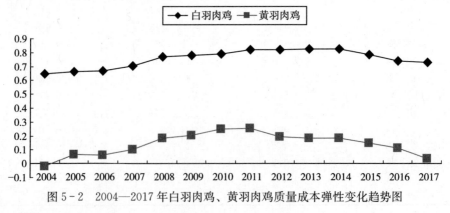

图 5-2　2004—2017 年白羽肉鸡、黄羽肉鸡质量成本弹性变化趋势图

在质量水平的管控上。此外，随着肉鸡生产中劳动力成本、饲料成本等逐年上涨，这在一定程度上拉高了肉鸡生产者质量水平管控所需要花费的成本，也在一定程度上造成了肉鸡质量成本弹性的上涨。

5.4.3　肉鸡产量的成本弹性计算

采用类似的方法，我们可以计算肉鸡产量的成本弹性（表 5-8），将相关系数代入产量的成本弹性方程（12）：

$$E_y = \frac{\partial \ln C}{\partial \ln y} = \beta_y + \beta_{yy} \ln y + \beta_{yq} \ln q + \beta_{yf} \ln \omega_f + \gamma_{yl} \ln \omega_l$$

就可以得出全部样本、大规模、中规模和小规模下的产量成本弹性：

以全部样本为例，将相关系数代入方程后，得到肉鸡产量的成本弹性方程：

$E_y = (0.944\ 958\ 7) + 1/2(-0.000\ 080\ 6)\ln y + (0.023\ 396\ 6)\ln q + (0.008\ 409\ 4)\ln \omega_f + (-0.008\ 444\ 4)\ln \omega_l$

可以计算得出，E_y 的均值为 0.994，标准差为 0.056，最大值为 0.978，最小值为 1.015。同样的方法，可以计算出大规模肉鸡产量成本弹性为 0.995，标准差为 0.005，最小值为 0.986，最大值为 1.013；中规模肉鸡产量成本弹性为 0.990，标准差为 0.010，最小值为 0.961，最大值为 1.024；小规模肉鸡产量的成本弹性为 1.014，标准差为 0.005，最小值为 0.997，最大值为 1.027。

表 5-8　不同规模肉鸡产量的成本弹性（E_y）对比

养殖规模	均值	标准差	最小值	最大值
全部样本	0.994	0.056	0.978	1.015
大规模	0.995	0.005	0.986	1.013
中规模	0.990	0.010	0.961	1.024
小规模	1.014	0.005	0.997	1.027

通过分析对比，我们发现，2004—2017 年全部样本下肉鸡产量成本弹性为 0.994，即要使用肉鸡的产量平均提高 1%，那么所付出的成本平均需要提高 0.994%，企业有动力去提高产品的产量。分规模来看，大规

模肉鸡产量成本弹性为 0.995，中规模肉鸡产量成本弹性为 0.990，这说明当前大、中规模养殖条件下，提高肉鸡养殖规模都是规模经济的。调研中，我们发现，大规模、中规模的肉鸡养殖企业，在企业发展到一定阶段时，更加注重肉鸡产业链条延伸以及肉鸡附加值的提高。河北恩康牧业有限公司成立于 2014 年，注册资本 600 万元人民币，公司成立之初，年出栏肉鸡不足 10 万只。2014 年底，该公司投入 600 多万元用于现代化鸡舍建设，并于 2015 年初建成了标准化鸡舍 8 栋、库房 2 个、泵房、饲料间、办公生活及配套设施，年出栏肉鸡一跃达到 50 万只。近两年，该公司将更多的精力集中在饲料营养精细化管理、企业发展定位与品牌创建、养殖环境控制以及养殖装备建设、肉鸡品种培育孵化本地化、肉鸡疫病预防控制等方面，并与中国农科院北京兽医所、河北农业大学等科研单位合作，提高肉鸡产量水平。2018 年底，该公司与辽宁禾丰牧业股份有限公司合作，成立了河北太行禾丰食品公司，由单一的养殖向养殖、屠宰加工转型，公司综合生产能力得到进一步提升。小规模肉鸡产量成本弹性为 1.014，即要使用肉鸡的产量平均提高 1%，那么所付出的成本平均需要提高 1.014%，小规模如提高产量存在一定的规模不经济，说明当前小规模生产者已经完全开动了马力生产，产量已经达到了一定的上限。相比于提高产量带来的收益，小规模生产者需要花费的生产成本相对更多，可能会带来规模不经济，这就需要小规模养殖场（户）尽快转型升级，采用更加科学、专业的养殖技术、手段，进而提高肉鸡标准化养殖水平。

（1）分年份看，2004—2017 年，全部样本条件下肉鸡产量成本弹性呈现小幅上涨的趋势，从 2004 年的 0.989 增长到 2011 年的 0.997，然后一直保持在 0.997 左右，这表明随着肉鸡规模化、专业化养殖的不断加速，大量先进的设备、技术投入肉鸡生产中，相对而言，提高肉鸡产量水平需要花费的成本总体相对稳定。分规模来看，2004—2017 年大规模肉鸡质量成本弹性呈现出一定的波动，从 2004 年的 1.000 下降至 2008 年 0.950，然后上涨至 2017 年 0.996（表 5-9）。这说明相比于 2004 年，大规模生产者在提高产量上花费的成本有小幅的下降，正如大规模养殖场刚投入生产时，尚没有达到最优的生产状态，随着设备的高效运转、养殖技术大范围推广，相对来说，分摊到每只肉鸡上的生产成本会有所下降。当然，也与当年国际大宗农产品（大豆、玉米等）走势、疫情有一定的关系。中规模肉鸡产量成本弹性呈现小幅上涨的发展态势（图 5 - 3），从 2004 年的 0.988 上涨至 2017 年的 0.992，提高产量尚处于规模经济，还有一定的提升空间。2004 年以来，小规模肉鸡产量成本弹性也呈现出上涨的发展态势，从 2004 年的 1.009 上涨至 2017 年的 1.017，这说明受环保压力加大、禽流感疫情、人工成本上涨等多重因素影响，小规模生产者可能暂时还没有更多的动力去提高肉鸡现有养殖规模，而是把更多的精力用于如何保证养殖场生存下去，对于是否扩大肉鸡养殖规模，可能是未来要思考的问题。在调研中，我们发现，随着绿色发展日益深入人心，环保风暴下禁养区、限养区划定后，一大批畜牧养殖场（户）关停，大浪淘沙下，肉鸡养殖企业能够正常生产实属不容易，而对于散养户、小规模养殖户来说，更是举步维艰，在这种状况下，散养户、小规模养殖户最大的理想就是能够维持养殖场正常运转，至于进一步扩大养殖规模，则暂时还没有纳入发展规划之中。

表 5 - 9　2004—2017 年我国不同规模肉鸡产量成本弹性（E_y）变动趋势

年份	全部样本	大规模	中规模	小规模
2004	0.989	1.000	0.988	1.009
2005	0.988	0.992	0.989	1.008
2006	0.991	0.994	0.995	1.007
2007	0.992	0.993	0.996	1.008
2008	0.994	0.950	0.995	1.011
2009	0.994	0.997	0.990	1.012
2010	0.995	0.997	0.989	1.013
2011	0.997	0.998	0.990	1.015
2012	0.996	0.995	0.986	1.018
2013	0.996	0.995	0.984	1.019
2014	0.997	0.995	0.991	1.020
2015	0.997	0.995	0.987	1.019
2016	0.996	0.996	0.989	1.017
2017	0.997	0.996	0.992	1.017

2004—2017 年，我国肉鸡大中小规模产量成本弹性变动情况如图 5 - 3 所示。

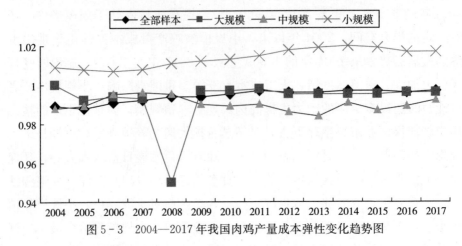

图 5 - 3　2004—2017 年我国肉鸡产量成本弹性变化趋势图

（2）从分省情况看，以中规模样本为例，从表 5 - 10 中可以看出，2004 年，中规模养殖中，广西（1.012）肉鸡产量成本弹性相对最大，上海（0.974）相对最小，到 2010 年，福建（1.014）的肉鸡产量成本弹性相对最大，辽宁（0.974）肉鸡产量成本弹性最小，发展到 2017 年，广西（1.022）肉鸡产量成本弹性相对最大，湖北（0.981）肉鸡产量成本弹性相对最小，这与北方地区规模化、标准化养殖程度相对较高有一定的关系，如山东、河南肉鸡养殖规模相对已经达到一定的规模，规模化养殖条件下饲料配比、人工投入等已经形成了一整套的养殖生产方案，而南方地区多以家庭散养或"公司＋农户"养殖为主，如果要提高肉鸡产量，需要花费较大的生产成本。

表 5 - 10　各地区中规模肉鸡养殖质量成本弹性（E_y）情况

省份	2004 年	2010 年	2017 年
安　徽	0.989	0.981	0.983
北　京	0.984	0.975	0.987
重　庆	0.988	0.992	0.991
福　建	0.976	1.014	1.013
甘　肃	0.990	0.995	0.993

（续）

省份	2004 年	2010 年	2017 年
广　东	0.994	1.008	1.010
广　西	1.012	1.008	1.022
贵　州	0.991	0.994	0.994
海　南	0.990	0.995	1.022
河　北	0.982	0.985	0.977
黑龙江	0.992	0.979	0.973
河　南	0.982	0.983	0.977
湖　北	0.995	0.980	0.981
湖　南	0.995	0.980	0.986
江　苏	0.978	0.990	1.020
江　西	0.988	0.982	0.983
吉　林	0.993	0.976	0.986
辽　宁	0.992	0.974	0.987
内蒙古	0.990	0.984	0.991
宁　夏	0.991	0.996	0.994
青　海	0.990	0.994	0.993
陕　西	0.988	0.995	0.991
山　东	0.990	0.993	0.991
上　海	0.974	0.992	0.991
山　西	0.988	0.984	0.992
四　川	0.991	0.994	0.993
天　津	0.978	0.976	0.969
新　疆	0.992	0.997	0.995
云　南	0.983	0.996	0.981
浙　江	0.977	0.992	1.018

　　（3）从分品种情况看，2004—2017 年，白羽肉鸡、黄羽肉鸡产量成本弹性总体呈现稳定的发展态势，并略有一定的增长（见图 5 - 4）。这其中，白羽肉鸡产量的成本弹性均低于黄羽肉鸡。2004 年，白羽肉鸡产量成本弹性为 0.980，到 2011 年产量成本弹性为 0.985，发展到 2017 年产量成本弹性为 0.984；黄羽肉鸡产量成本弹性从 2004 年的 1.001 上涨至 2017 年的 1.008，黄羽肉鸡产量成本弹性略高于白羽肉鸡。如果要提高肉

鸡产量，黄羽肉鸡要投入更多的生产成本。

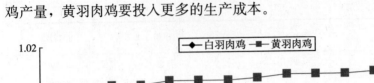
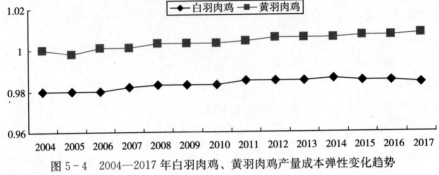

图 5-4　2004—2017 年白羽肉鸡、黄羽肉鸡产量成本弹性变化趋势

5.4.4　肉鸡质量的计算结果

在计算中，我们运用似不相关回归方程（SUR）对参数估计值 $\ln q=\ln p+\alpha_f \ln \omega_f+\alpha_l \ln \omega_l$ 这一方程进行了拟合，得出了 $\ln q$ 的参数估计值，根据方程（13）$q=\exp（\ln q）$，我们可以推导出肉鸡的质量 q。以全部样本为例，将相关系数代入方程后，得到肉鸡质量的成本弹性方程：

$$\ln q=\ln p+（-0.344\,08）\ln \omega_f+（0.309\,523）\ln \omega_l$$

从而，可以计算得出 q 的均值为 2.144（计算为肉鸡质量，为绝对数），标准差为 7.970，最小值为 0.880，最大值为 7.218。同样的方法，可以计算出大规模肉鸡质量为 6.067，标准差为 1.347，最小值为 4.343，最大值为 11.554；中规模肉鸡质量为 4.203，标准差为 0.726，最小值为 2.825，最大值为 7.437；小规模肉鸡质量为 0.022，标准差为 0.034，最小值为 0.001，最大值为 0.276（表 5-11）。

表 5-11　不同规模肉鸡质量（q）对比

养殖规模	均值	标准差	最小值	最大值
全部样本	2.144	7.970	0.880	7.218
大规模	6.067	1.347	4.343	11.554
中规模	4.203	0.726	2.825	7.437
小规模	0.022	0.034	0.001	0.276

从表 5-11 可以看出，肉鸡生产中，大规模肉鸡质量相对最高，中规

模次之，小规模最小，这也从一个侧面反映出，规模化水平越高的养殖场，肉鸡养殖中对质量的要求相对越高，在养殖中采取了更加先进的卫生防疫手段、更加安全的检疫设备以及更加科学高效的管理水平，生产出的肉鸡质量相对越高。

（1）分年份来看，从表5-12中可以看出，随着我国肉鸡养殖技术、管理水平和检测设备等不断提升，2004—2017年，我国肉鸡质量水平呈现增长的发展态势，全部样本条件下我国肉鸡质量平均水平从2004年的1.687一直增加到2.821，提高了67.21%，质量平均水平呈现逐年增长的发展势头，2017年肉鸡质量平均水平相对最高，达到2.821，质量水平的逐年提升既与禽流感疫情，各地普遍重视肉鸡养殖风险防控、加强质量监测管理有很大的关系，也与肉鸡规模化养殖水平不断推进有很大的关系。分规模看，大规模肉鸡质量平均水平相对提升较少，由2004年的7.620发展到2017年的5.956；中规模肉鸡质量水平从2004年的4.101提升到4.642，质量水平提升了13.21%；小规模肉鸡质量相对没有太多提升，相比于大规模、中规模，还有一定幅度的下降，这也是小规模养殖场（户）亟须进一步改善养殖基础条件、提高肉鸡质量水平的原因。

表 5-12　2004—2017 年不同规模肉鸡质量（q）比较

年份	全部样本	大规模	中规模	小规模
2004	1.687	7.620	4.101	0.028
2005	1.479	5.251	4.116	0.028
2006	1.640	5.884	4.572	0.049
2007	1.738	5.403	4.469	0.052
2008	1.868	5.744	4.346	0.043
2009	1.827	6.273	4.105	0.035
2010	1.967	6.292	4.060	0.023
2011	2.255	6.561	4.082	0.146
2012	2.395	5.974	3.903	0.008
2013	2.441	5.885	3.814	0.006
2014	2.615	5.859	4.259	0.005
2015	2.633	5.954	4.123	0.005
2016	2.649	6.088	4.254	0.005
2017	2.821	5.956	4.642	0.004

2004—2017 年，我国不同规模肉鸡质量平均水平变动情况见图 5-5。

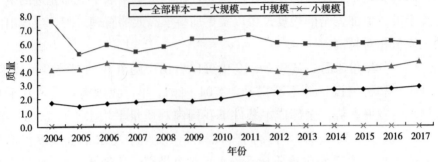

图 5-5 2004—2017 年我国肉鸡质量变化情况

（2）从分省情况看，以中规模养殖为例，从表 5-13 可以看出，2004 年广西（5.640）肉鸡质量水平相对最高，江西（4.551）次之，天津（3.429）质量水平相对最低；2010 年，福建（5.868）质量水平排在第一位，广东（5.666）排在第二位，广西（5.414）位居第三位，天津（3.289）质量水平依然相对最低；2017 年，广西（7.198）肉鸡质量水平继续保持在第一位，海南（7.171）次之，天津（3.151）质量水平继续排在相对靠后位置，产生这种情况的原因是多方面的，一方面和养殖区域有一定的关系，另一方面也与肉鸡品种、养殖周期有很大的关系，我们在后边还会具体分析到。从个别省份来看，福建肉鸡质量从 2004 年的 3.655 提升到 2010 年 5.868，再到 2017 年 6.056，质量水平较 2004 增长了 65.69%；广东从 2004 年的 4.496 提高至 2017 年的 5.880，提高了 30.78%；山东肉鸡质量从 2004 年的 4.205 提高至 4.395，仅提高了 4.51%，提高幅度相对不是太大；河南肉鸡质量从 2004 年的 3.877 降至 2017 年 3.591，质量水平有一定的下降，这与当年禽流感疫情发生，造成肉鸡质量水平有所下降有一定的关系。

表 5-13 各地区中规模肉鸡养殖质量（q）情况

省份	2004 年	2010 年	2017 年
安　徽	4.531	3.643	3.936
北　京	3.734	3.157	4.008
重　庆	4.205	4.241	4.527

（续）

省份	2004 年	2010 年	2017 年
福 建	3.655	5.868	6.056
甘 肃	4.095	3.965	4.405
广 东	4.496	5.666	5.880
广 西	5.640	5.414	7.198
贵 州	4.025	4.058	4.330
海 南	4.349	4.350	7.171
河 北	3.891	3.866	3.590
黑龙江	3.928	3.657	3.498
河 南	3.877	3.749	3.591
湖 北	4.775	3.492	3.807
湖 南	4.774	3.492	4.246
江 苏	3.621	4.098	7.049
江 西	4.551	3.632	3.936
吉 林	3.972	3.654	4.274
辽 宁	4.025	3.846	4.313
内蒙古	4.095	3.866	4.527
宁 夏	3.972	3.898	4.274
青 海	4.025	3.929	4.330
陕 西	4.205	4.006	4.527
山 东	4.205	4.286	4.395
上 海	3.506	4.241	4.527
山 西	4.205	3.866	4.527
四 川	4.095	4.128	4.405
天 津	3.429	3.289	3.151
新 疆	3.928	3.870	4.229
云 南	3.571	4.350	3.633
浙 江	3.638	4.241	6.931

我们选取山东、河南、广东、广西等四个省份，观察在中规模水平条

件下肉鸡质量水平变动情况，如图 5-6 所示。

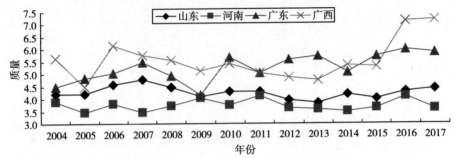

图 5-6　山东、河南、广东、广西四省份中规模肉鸡质量变动情况

从图 5-6、图 5-7 可以看出我国各省份肉鸡质量水平，2017 年广西（7.198）质量水平相对最高，海南（7.171）质量水平次之，江苏（7.049）第三，天津（3.151）质量相对最低。很多人会有一定的疑问，作为白羽肉鸡规模化程度相对较高的省份，如山东、河南等省份，为什么质量水平反而不是太高，我们将在下一部分分析产生这种变化的具体原因。

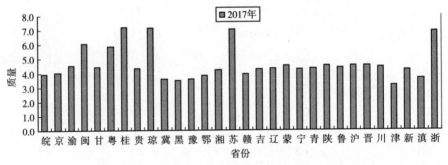

图 5-7　2017 年我国 30 省份中规模肉鸡质量情况

（3）从分品种情况看，2004—2017 年白羽肉鸡、黄羽肉鸡质量均呈现上涨的发展态势，其中，白羽肉鸡质量均低于黄羽肉鸡（图 5-8）。2004 年，白羽肉鸡质量为 1.288，到 2011 年质量提高为 1.390，发展到2017 年质量为 1.690，较 2004 年提高 31.21%；黄羽肉鸡质量从 2004 年的 2.026 上涨至 2017 年的 3.624，增长 78.87%，黄羽肉鸡质量增长幅度远高于白羽肉鸡。结合上一部分提到的问题，为什么南方地区肉鸡质量普

遍高于北方地区，在我们肉鸡质量成本函数中，黄羽肉鸡由于养殖周期长、产量高，产品产值也相对较高，但其在劳动力成本上的投入却远远低于白羽肉鸡，如2010年广东省每百只肉鸡主产品价值为2 482.92元，生产成本中家庭用工折价为53.84元、雇工费用为21.67元，而山东省每百只肉鸡主产品价值为2 307.33元，生产成本中家庭用工折价为101.19元、雇工费用为64.25元；河南每百只肉鸡主产品价值为2 192.30元，生产成本中家庭用工折价为130.11元、雇工费用为15.26元，2017年情况与此类似，2017年广东省每百只肉鸡主产品价值为3 967.05元，生产成本中家庭用工折价为100.97元、雇工费用为180.34元，而山东省每百只肉鸡主产品价值为1 769.225元，生产成本中家庭用工折价为334.73元、雇工费用为36.25元；河南每百只肉鸡主产品价值为2 094.5元，生产成本中家庭用工折价为234.26元、雇工费用为78.17元。将相关指标带入肉鸡质量成本函数，得出的结果中，在体现肉鸡质量的同时，也会体现出肉鸡的效益，这也是造成黄羽肉鸡质量高于白羽肉鸡质量的原因。

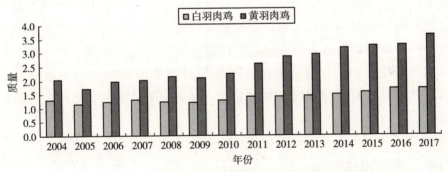

图 5-8　2004—2017年我国白羽肉鸡、黄羽肉鸡质量情况

5.5　肉鸡质量水平影响因素分析

从肉鸡质量超越对数成本函数的估计结果来看，在全部样本条件下，与肉鸡质量相关的变量中，$\ln q$ 和 $\ln q \ln \omega_f$ 的系数为正值，$\ln q$ 的系数 γ_q 为 0.145，这说明了肉鸡质量水平越高，肉鸡生产的成本投入也相对越高，

lnqlnω$_f$ 的系数 γ_{qf} 为 0.660，这说明肉鸡生产中饲料等可变资本的价格越高，肉鸡质量水平所需要花费的成本也相对越高。对于全部样本条件下 lnqlnω$_l$ 的系数 γ_{ql} 为负值 -0.227，大规模养殖条件下 lnqlnω$_l$ 的系数 γ_{ql} 为负值 -0.084，中规模养殖条件下 lnqlnω$_l$ 的系数 γ_{ql} 为负值 -0.179，小规模养殖条件下 lnqlnω$_l$ 的系数 γ_{ql} 为 0.264，主要原因是在肉鸡养殖中，劳动力成本由家庭用工折价和雇工费用两部分组成，小规模养殖条件下，肉鸡质量的提高与劳动力的投入存在正向的相关关系，在农村雇工费用价格上涨较大时，小规模养殖户会更多地投入肉鸡养殖中，家庭用工方面会有一定的增加，肉鸡养殖的精细化程度也相对会更好，肉鸡质量也相对会越高；对于大规模、中规模养殖户，随着雇工费用的上涨，会适当减少雇工方面的投入支出，以减少用工支出。

因此，从肉鸡养殖者角度来看，饲料在生产成本投入中占比最大，饲料对于肉鸡质量的贡献相对最大，饲料搭配是否合理、营养是否足够、来源是否有保障是影响饲料质量的主要因素，也是影响肉鸡质量水平的重要因素，由此，在一定意义上来讲，饲料价格的上涨能够对肉鸡质量产生较为显著的影响。这也与杨振海（2019）提出的"动物产品安全的源头在饲料，饲料是畜产品质量安全的源头，药物饲料添加剂的退出和抗菌药减量对行业发展提出新课题，是压力也是机遇"相一致。同样，肉鸡养殖中，劳动力的投入同样会对肉鸡质量产生较为重要的影响，投入更多的劳动力用于肉鸡生产，肉鸡的质量水平会有一定程度的提高。

5.6　本章小结

本章基于质量成本函数模型，利用 2004—2017 年 30 个样本省份肉鸡成本收益的面板数据，运用超越对数成本函数对肉鸡质量弹性、产量弹性和质量水平进行了测算（表 5-14），并进一步分析了不同年份、不同规模、不同品种的相关情况。

本书运用超越对数成本函数对质量与成本、产量与成本情况进行估计的结果发现：

表 5 - 14　肉鸡质量弹性、产量弹性及质量的平均值

变量	全部样本	大规模	中规模	小规模
质量成本弹性（E_q）	0.349	0.049	0.862	1.527
	(0.149)	(0.127)	(0.130)	(0.170)
产量成本弹性（E_y）	0.994	0.995	0.990	1.014
	(0.005)	(0.005)	(0.010)	(0.005)
质量（q）	2.144	6.067	4.203	0.022
	(0.797)	(1.347)	(0.726)	(0.034)

注：括号内为标准差。

1. 从不同年份来看，我国肉鸡质量水平处于不断提升的发展势头，处于历史较好水平，但仍存在一定的改善空间

2004—2017 年，在全部样本条件下我国肉鸡平均质量为 2.144，质量成本弹性为 0.349，产量成本弹性为 0.994，表示在现行条件下，如果使肉鸡的质量水平提高 1%，则需要花费的质量成本只需要提高 0.349%，处于规模经济状态；肉鸡产量水平平均提高 1%，所需花费的生产成本需要提高 0.994%，也处于规模经济状态。这反映了在现有生产水平条件下，肉鸡质量和产量水平都还有一定的提升空间，肉鸡养殖者可以通过科学配比饲料、规范饲料添加剂使用、减少兽药等投入品使用、加强科学用料用药教育指导、建立信息档案等方式，进一步提高肉鸡质量水平。在当前国家大力推进质量兴农的背景下，"优质优价"逐步成为社会普遍共识，肉鸡养殖者愿意也有足够的动力去提高肉鸡质量。但同时，相比于肉鸡质量而言，我国大、中规模养殖户（场）普遍推行了标准化、规范化建设，养殖肉鸡产出水平已经达到了相对较高的水平，如果要进一步提高肉鸡产量水平，养殖者需要投入更大的费用，花费更大的生产成本。

2. 从不同规模来看，大规模肉鸡养殖的质量最高，中规模肉鸡养殖的质量次之，小规模养殖的肉鸡质量明显低于中规模养殖和大规模养殖

这表明规模养殖大大提高了肉鸡质量，并且目前在我国大规模养殖具有最高的质量水平。大规模肉鸡质量水平相对较高，平均值达到 6.067，质量成本弹性为 0.049，产量成本弹性为 0.995，这说明，一体化企业在生产经营中，为了追求产品质量而加大了鸡舍厂房、疫病检疫设备等生产成本投入，相关基础设施建成后，并没有完全开足马力进行生产，生产的规模效应还可以继续发挥，提高肉鸡质量花费的生产成本相对较小。这也和我们调研中的发现不谋而合，在调研中，河北、山东、河南等地不少大型龙头企业负责人介绍，当前企业生产能力只发挥了不到60%，还有40%的发挥空间，不少疫情检疫设备买来之后也是闲置，并没有发挥真正的作用，毛鸡出厂时送到当地检疫部门，也只是走一个流程，拿单子交费盖章就可以，并没有逐个进行检验检疫，也很难发现真正的质量问题。由于市场对产品监测要求不高和产品"优质不优价"等原因，企业暂时还没有动力开足马力把全部产能发挥出来。如果能够把管理、人才培训、技术服务这方面提高上去，产能还能进一步提升，分摊到每只肉鸡上的成本会有所降低，质量和产量水平都会进一步提升。中规模肉鸡质量水平平均值为4.203，处于中等水平，质量成本弹性为0.862，产量成本弹性为0.990，这说明，中规模生产企业已经完全满负荷工作，肉鸡质量水平平均提高1%，那么所付出的成本平均需要提高0.862%，而产量水平提高1%，所付出的成本平均需要提高0.990%，提高产品产量比提高质量需要花费更大的代价，企业更愿意提高产品质量水平。提高产品质量和产量，都需要花费一定的成本，这也符合Antle（1998）提出的"天下没有免费的安全午餐"这一基本结论。小规模质量水平平均值为0.022，相对较低，质量成本弹性为1.527，产量成本弹性为1.014，说明要使肉鸡质量水平平均提高1%，那么所付出的成本需要花费1.527%，处于规模不经济状态，小规模生产者可能没有足够强的经济激励去提高肉鸡质量水平，而产量成本弹性小于质量成本弹性，说明相比于提高肉鸡产量而言，提高肉鸡质量需要花费更多的生产成本。权衡提高产出数量和提升质量水平，小规模养殖户可能更加倾向于通过扩大肉鸡产出数量以增加肉鸡养殖效益。这也和实地调研中了解的情况基本相似，调研中一半以上的散养户表示，在肉鸡生产中，更多关注的是肉鸡出栏量，也更愿意在提高肉鸡产量上下工夫，而对如何提高肉鸡质量水平则相对关注的不多。这也是在现行条件下，提高质量水平一般情况下要相对难于扩大产出数量的主要原因，更是亟须推进肉鸡农业供给侧结构性改革的重要原因。

3. 从不同省份来看，肉鸡主产省质量水平相对一般省份要高一些

比较中可以发现广东、广西、福建、江苏等省份质量总体水平相对较高，总的来看，这些地区均是肉鸡养殖传统地区，养鸡业历史悠久，当地规模化、标准化肉鸡生产已初具规模，国际化大公司如圣农集团、温氏企业都在这些省份，对当地肉鸡发展具有较好的引领和推动作用，同时也与当地政府高度重视肉鸡产业发展有很大的关系，广东、广西等省区在制定现代农业发展规划的基础上，还专门结合本地情况制定了肉鸡产业发展规划，这对于指导当地肉鸡产业健康发展发挥了重要的作用，也成为提升质量水平的"软实力"，

4. 从不同品种来看，黄羽肉鸡质量较白羽肉鸡更高一些

究其原因，一方面与肉鸡养殖方式、养殖周期有一定的关系，黄羽肉鸡养殖天数一般在 84 天左右，而白羽肉鸡养殖天数仅需要 40 天左右，黄羽肉鸡在生产成本上花费的更高，肉鸡质量也相对会高一些；另一方面，也与黄羽肉鸡市场价值高有一定的关系，在体现肉鸡质量水平的同时，也体现出肉鸡的生产效益，这也是造成黄羽肉鸡质量高于白羽肉鸡质量的原因。

第六章 肉鸡产业链主体联结利益优化分析

上一章重点研究了肉鸡养殖环节的质量水平相关内容，并就如何提高肉鸡养殖环节产品质量提出了几点政策措施。"同行无同利"、"养鸡的不如杀鸡的、杀鸡的不如卖鸡肉的"。这是当前肉鸡产业发展的真实写照，一方面反映了农产品生产加工流通中，生产环节利益普遍不高；另一方面，也反映了当前肉鸡产业链各环节之间利益主体收益的不均衡和利益分配机制不完善以及在不同流通模式下各环节主体收益还存在一定的差别，这在一定程度上严重制约了肉鸡产业的健康发展。本章将重点研究肉鸡产业链各个主体之间利益分配情况。

关于畜禽产业链的利益分配格局，翟雪玲（2008）对肉鸡产品价格形成及利润分配进行了研究，张贺（2015）对肉牛产业链利益分配情况进行了分析，黄勇（2017）对猪肉供应链生猪养殖、屠宰加工、超市销售环节成本收益情况进行了分析，崔姹（2018）从市场交易、公司＋合作社＋养殖户、公司＋养殖户等不同协作模式角度对肉羊产业链各利益主体利益分配情况进行了分析。上述研究均以传统的养殖、屠宰加工、超市销售三个环节为主要研究对象，未能将养殖的上游环节纳入研究范围，研究中多以一个时间节点观察数据为主，未能将畜禽养殖周期考虑在内。

在前人研究基础上，本章将肉鸡养殖上游环节仔畜孵化纳入肉鸡产业链研究范围，并重点观察鸡肉价格低谷期（2017 年 3 月）和价格高峰期（2018 年 3 月）肉鸡产业链各相关主体成本收益情况，对肉鸡产业链当前存在的三种流通模式利益分配情况进行对比分析，并使用 Shapley 值法，根据肉鸡产业链中各环节对产业链的贡献程度，得出合理的收益分配方案。

本章主要运用肉鸡主产省的种鸡场、养殖场（户）、"公司＋农户"企业、一体化企业、屠宰加工企业、农贸市场和超市及肯德基、麦当劳采购销售等 568 份调研样本数据，并结合国家肉鸡产业技术体系各综合试验站固定观测点基础数据对调研地区的肉鸡产业传统模式、"公司＋农户"模式、一体化企业模式等不同流通模式下的利益分配格局进行分析研究。

本章主要安排顺序如下：一是对肉鸡生产经营模式进行分析；二是对肉鸡产业链各环节成本收益分析；三是对不同生产经营模式下肉鸡产业链利益分配格局分析；四是对肉鸡产业链利益合理分配进行分析。

6.1　肉鸡生产经营模式

20 世纪 80 年代以来，我国肉鸡产业发展较快，已由单纯的散养经营发展成为农户散养、"公司＋农户"、"公司＋基地＋农户"和"公司＋中介组织＋农户"以及集团一体化等多种产业化经营模式（辛翔飞、王济民，2013）。随着肉鸡产品市场供应能力的提高和物流条件的改善，我国肉鸡产品交易数量和市场范围不断扩大，从 20 世纪 80 年代初期的集市贸易的繁荣，发展到 20 世纪 90 年代的批发市场的大发展，再到 21 世纪初的物流配送和连锁超市等现代经营方式逐步兴起。根据国家肉鸡产业技术体系、国家畜禽统计监测（肉鸡）数据、肉鸡主产省实地调研以及流通过程中占据主导地位的主体的不同，目前我国肉鸡流通模式主要包括：一是以散养户为主体的"种鸡场＋散养户＋屠宰加工企业＋批发市场"传统市场交易模式；二是以公司＋农户为主体的"种鸡场＋养殖户＋屠宰加工企业＋超市"的流通模式；三是以大中型公司为主体"一体化企业＋直销店（大客户）"的流通模式，根据合同订单进行市场交易。

6.1.1　传统模式

在合同订单养殖兴起之前，我国肉鸡养殖大多属于自给自足的家庭副业。部分肉鸡散养户在养殖肉鸡出栏时，会在就近的生产地市场自行销售产品，如城郊的农民到就近的城市去卖自家的家禽（辛翔飞等，2012）。交易对象屠宰加工企业按照市场行情收购肉鸡，进行屠宰加工处理，并送到批发市场进行销售。该模式按照随行就市的原则形成了以散养户为主体的"种鸡场＋散养户＋屠宰加工企业＋批发市场"流通方式。在实地调研中，山东省潍坊市肉鸡养殖户王某，该养殖户鸡舍建设于2010年，共8个鸡舍，年出栏肉鸡11万只，年出栏5批，饲养的肉鸡品种为白羽肉鸡，采用网上平养的方式养殖肉鸡，通过购买种鸡场雏鸡苗，在养殖40天左右后，毛鸡拿到市场进行出售，销售给屠宰加工企业后，经过屠宰加工后进入销售渠道。该养殖户没有与肉鸡龙头企业或肉鸡合作社签订过养殖合同，肉鸡出栏后的销售对象也不是固定的，屠宰加工企业的收购价格是养殖户首要关注问题。肉鸡通过当地屠宰加工企业加工成白条鸡或者分割鸡产品，运输到当地或者山东济南农贸批发市场，潍坊或者济南农贸市场的零售商从批发市场采购后在自己的零售点销售，最后到消费者手中。具体的流通环节见图6-1。

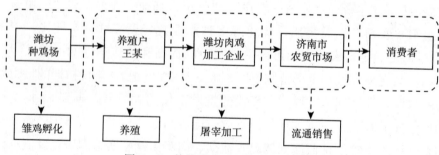

图6-1 传统模式下肉鸡产品流通图

在走访调研中，发现传统模式下优点是流通过程中的中间环节少，散养户可直接面对消费者，销售收益能够及时兑现，在肉鸡行情较好时，散养户的收益比签订契约合同的农户收益要多，这也是此种流通模式一直存在的主要原因。"散养户随时都会有，很难消失掉。"在调研中，不少肉鸡养殖企业负责人纷纷说，主要原因是散养户生产经营相对比较灵活，他们会根据市场行情调整养殖规模。肉鸡养殖中散养户的存在，所以作为肉鸡产业链流通中重要的流通模式。

6.1.2 "公司＋农户"模式

1984 年以来，一批外国涉农企业开始进入我国市场，并同时带来了国外的"公司＋农户"养殖模式和先进的养殖技术。如泰国正大集团在 20 世纪 80 年代初率先进入我国，在深圳建立了第一家合资饲料厂及配套种鸡场等，提前与农户签订合同，并向农户提供相应的鸡苗、饲料、防疫药品等，并给予必要的生产技术指导，采用按照合同价格收购毛鸡等方式，有力地推动了各地肉鸡产业的发展，并带动了饲料、防疫药品销售等（辛翔飞等，2012）。这种经营方式很快被国内其他一些企业所仿效，初步形成了以养鸡龙头企业（或合作社）带动农户养鸡（公司＋农户）的"种鸡场＋养殖户＋屠宰加工企业＋超市"的流通模式。如在调研中，河北省保定市易县养殖户张某，该养殖户鸡舍建设于 2016 年，共 8 个鸡舍，年出栏肉鸡 24 万只，年出栏 6 批，饲养的肉鸡品种为白羽肉鸡，采用笼养的方式养殖肉鸡，该养殖户与肉鸡龙头企业河北恩康牧业有限公司签订了肉鸡养殖合同。其饲养的肉鸡出栏时，由河北恩康牧业有限公司按照合同价收购。河北恩康牧业有限公司拥有自己的种鸡场和饲料厂，并成立了河北太行禾丰有限公司，专门进行肉鸡屠宰加工。河北恩康牧业有限公司除按照合同价收购毛鸡，还向养殖户张某提供鸡苗、饲料及必要的养殖技术等，收购的毛鸡直接进行屠宰加工。其中一部分是用来初加工，即进行简单的屠宰分割；另一部分进行深加工，目前主要是制成调理品。公司肉鸡产品包括速冻、冰鲜、快餐、肉串和熟食等品种。产品未来的的销售渠道主要有：一是出口韩国、日本等国家；二是供给北京、河北、内蒙古、山西等地的和合谷、麦当劳、永和豆浆等快餐连锁店和高速铁路、大中型航空公司肉食配餐中心；三是京津冀和内蒙古地区的大型超市；四是石家庄和保定市辖区内农贸市场。具体的流通环节见图 6-2。

在走访调研中，我们发现"公司＋农户"模式是山东、河北、河南、吉林省肉鸡产业流通最主要的模式，90％以上的养殖户选择"公司＋农户"模式，该模式的优点是雏鸡孵化、养殖、加工、销售等各环节之间联系稳定，参与各方都以契约的形式明确各自的责权利，通过合同价，公司承担了一定的市场风险，在一定程度上降低了农户的养殖风险，有效地避

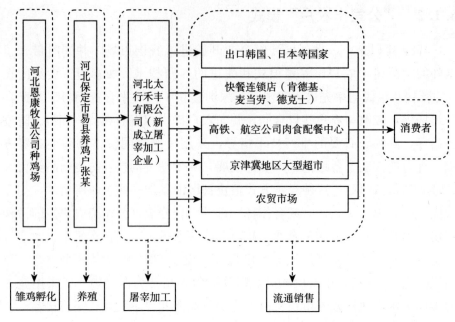

图 6 - 2 "公司＋农户"模式下肉鸡产品流通图

免了因肉鸡价格波动而引起肉鸡养殖的大起大落，但同时也存在养殖户与公司之间的话语权不对等。一些公司在肉鸡价格低谷期时尽管可以按照之前签订的合同价格回收养殖户的出栏毛鸡，但是由于鸡苗、饲料、药品等定价掌握在公司手中，公司会按照自我盈利情况予以制定相应的价格，总的来看，养殖户并未真正获取相应较高的利润。公司与农户之间的利益分配机制存在一定的发展短板，这会对"公司＋农户"模式更深层次发展带了一定的障碍。

6.1.3 一体化企业模式

改革开放以来，我国肉鸡产业已从简单的养殖户发展到集雏鸡繁育、肉鸡饲养、饲料研发生产、屠宰加工、冷藏配送和零售批发等一体的一条龙生产经营，并涌现出一批经营规模较大的肉鸡加工企业（辛翔飞等，2012）。一体化企业肉鸡产品流通模式，采用公司内部核算，拥有自己的雏鸡孵化场、肉鸡养殖基地、屠宰加工和物流销售网络，公司集雏鸡孵化、肉鸡饲养、屠宰加工以及鸡肉产品销售全部由公司统一经营。一体化企业模式可以有效降低肉鸡产业链各环节之间的相互交易费用，全面降低肉鸡整个产业链的生产成本，并能够更好地控制鸡肉产品质量水平（图6-3）。

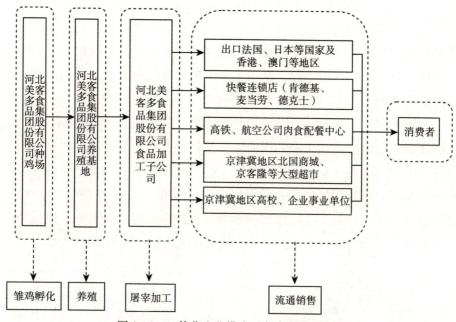

图6-3　一体化企业模式下肉鸡产品流通图

河北美客多食品集团股份有限公司，该公司属于一体化肉鸡养殖企业，其总部位于河北省唐山市遵化市经济开发区，下设10个子公司，注册资金1.16亿元，总资产3.9亿元，占地40公顷，员工698人。公司采用"养殖基地＋中央厨房＋餐饮门店"模式，已形成从种鸡繁育、肉鸡饲养到屠宰分割、熟食制品全产业链一体化格局，公司的主导产品速冻鸡、冰鲜鸡、参鸡汤等，并积极延伸产业链条，推进熟食加工，生产高品质参鸡汤、参鸡冷饮、调理制品、酱卤制品等产品，销售渠道主要有：一是出口法国、日本等国家；二是供应给北京、天津、广东、山西等地的麦当劳、和合谷、德克士等快餐连锁店和高速铁路、一些国内外航空公司肉食配餐中心；三是河北、北京的北国商城、京客隆等大型超市、高校及部分企事业单位。公司于2017年10月成功登陆新三板，产品全面通过ISO9001质量管理体系、ISO22000食品安全体系和日本JAS、美国FDA

及国内有机、绿色、无公害认证，实现了产品质量可追溯。产品流通示意图见图 6-3。

当前，我国国内白羽肉鸡企业有福建圣农集团、山东益生股份、山东民和股份、山东仙坛股份等四家上市公司，四家企业均为一体化企业，其中，福建圣农集团是从祖代种鸡、商品代种鸡、雏鸡孵化、肉鸡养殖，一直到屠宰加工，全部都是企业进行自主生产，主营产品是鸡肉，产业链逐步延伸到熟食加工；益生股份是山东益生种畜禽股份有限公司的简称，主要经营种肉鸡、种蛋鸡、商品鸡以及肉鸡产品生产、销售；肉鸡饲料添加剂、浓缩料和全价饲料的研究、生产、加工、销售等。民和股份即山东民和牧业股份有限公司，企业的产业链从父母代养殖至屠宰加工；山东仙坛股份有限公司，位于烟台市牟平区，成立于 2001 年，旗下五个事业部、八个子公司，是集饲料加工、父母代肉种鸡养殖、商品肉鸡孵化、养殖、屠宰加工和产品深加工于一体的农业产业化国家重点龙头企业。根据公司年度报表，圣农、益生、民和三家上市企业近年来经营情况见表 6-1。

表 6-1　国内三大一体化企业主营业务经营情况

| 年份 | 主营业务收入（万元） | | | 主营业务利润（万元） | | | 主营业务利润率（%） | | |
	圣农	益生	民和	圣农	益生	民和	圣农	益生	民和
2007	89 747	29 340	56 438	24 448	6 783	13 688	0.27	0.23	0.24
2008	129 535	33 234	81 208	28 062	11 038	11 795	0.22	0.33	0.15
2009	143 769	36 548	72 573	30 052	12 569	2 298	0.21	0.34	0.03
2010	206 952	45 899	100 312	39 645	10 755	12 365	0.19	0.23	0.12
2011	311 135	77 038	134 520	64 529	30 945	28 998	0.21	0.40	0.22
2012	409 930	60 142	119 115	19 045	8 915	847	0.05	0.15	0.01
2013	470 823	50 288	99 631	10 000	−17 115	−9 639	0.02	−0.34	−0.10
2014	643 606	84 192	118 642	52 460	7 725	16 027	0.08	0.09	0.14
2015	693 983	60 429	90 080	−598	−22 739	−6 354	0.01	−0.38	−0.07
2016	834 042	161 113	140 870	103 279	72 215	43 290	0.12	0.45	0.31
2017	1 015 879	65 640	106 750	107 784	−8 385	−1 732	0.11	−0.13	−0.02

数据来源：三家上市公司年度报表。

从表 6-1 可以看出，像圣农集团这样的一体化集团，即使在白羽肉鸡盈利最艰难的 2015 年，也仅是微幅亏损，远远低于单纯种鸡企业和商品肉鸡生产企业，产业链一体化企业受肉鸡养殖周期波动的影响相对小，产业链延伸更长的"一体化"企业，表现出更强的生命力，以及持续发展能力，在未来 5 年或 10 年的阶段性发展速度同样更具优势，但同时，随着我国社会大众对食用肉制品安全的关注程度不断上升，一些中型养殖公司或龙头企业认识到发展成为一体化企业的重要性，部分有实力的龙头企业正在努力向一体化企业迈进。

从目前我国肉鸡产业发展来看，传统模式、"公司＋农户"模式及一体化企业模式等三种流通经营模式同时存在，各有存在的价值及意义，当然，这也是肉鸡产业发展所必须经历的发展阶段。三种模式在利益分配机制、运行机制等方面都存在一定的发展优势，但也还存在着一定的发展缺陷，在一定程度上阻碍着肉鸡产业健康发展。本章将以传统模式、"公司＋农户"模式和一体化企业模式为主要研究对象，对肉鸡产业发展的三种主要模式进行分析。

6.2　肉鸡产业链各环节成本收益分析

6.2.1　数据来源

本书数据主要来源于两个方面，一是国家肉鸡产业技术体系产业经济研究室在体系各综合试验站建立的固定观测点基础数据；二是实地调研获取的第一手数据，笔者于 2017 年 3—5 月、2018 年 3—5 月随课题组到白羽肉鸡主产省山东、河南、河北、吉林等地开展了肉鸡成本收益的问卷调查，采取全程跟踪的方法对雏鸡孵化、肉鸡养殖、屠宰加工、流通、销售等各环节进行实地调研，调查对象有养殖户、"公司＋农户"企业负责人、一体化企业市场部经理、屠宰加工企业采购部经理、农贸市场小摊贩、超市生鲜部经理及肯德基、麦当劳采购部经理等，共发放调查问卷 568 份，收回有效问卷 536 份，本书以 2017 年 3 月 5—15 日及 2018 年 3 月 16—26日调研数据为例，调研地点是河北省保定市、河北省遵化市、山东省潍坊市等地区，有针对性地调研了传统模式、"公司＋农户"、"一体化企业"等模式下，对鸡肉价格低谷期（2017 年 3 月，H7N9 禽流感时期）和价格高峰期（2018 年 3 月）肉鸡产业链各环节成本收益相关情况进行分析，以期全面反映肉鸡产业生产经营的真实情况。

6.2.2　雏鸡孵化环节

本节种鸡场成本收益数据主要对山东省潍坊市 A 种鸡场、河北省保定市 B 种鸡场、河南省鹤壁市一体化企业 C、河北省遵化市一体化企业 D 等进行走访座谈获得，调研内容主要是种鸡场的生产经营情况及成本收益情况，共发放调研问卷 20 份，回收有效问卷 18 份。结合国家肉鸡产业技术体系固定观测点季度监测数据，通过计算得出种鸡场成本收益数据。

雏鸡孵化过程中种鸡场发生的费用主要包括鸡舍折旧费、种蛋费、孵化费、人工费、运输费、租地费等，其中孵化费包括水电费、人工授精、健雏率费用等。根据实地调查，一套种鸡产蛋到 66 周以后强制淘汰换羽毛，整个过程生产 300～350 个种蛋。大中小型种鸡孵化场每个批次孵化根据种鸡数量，一般情况下种蛋三天内必须入孵，大型种鸡孵化场一天要入孵 10 万个左右的种蛋，中型种鸡孵化场一天入孵 3 万～6 万个的种蛋，小型种鸡孵化场一天入孵 2 万个左右的种蛋，孵化流程一般是经过种蛋筛选、孵化合格雏鸡、售前雏鸡护理三个步骤，孵化天数在 21 天。孵化的雏鸡规格不一致，一般在 38～45 克。

种鸡场在不同流通模式下，价格低谷期及高峰期成本收益情况见表 6-2。

表 6-2　种鸡场平均收益

单位：元/只

项　目		2017 年 3 月			2018 年 3 月		
		传统模式	公司＋农户	一体化	传统模式	公司＋农户	一体化
成本	鸡舍折旧费	0.10	0.10	0.12	0.10	0.10	0.12
	种蛋费	0.65	1.00	1.15	0.65	1.00	1.15
	孵化费	0.56	0.57	0.63	0.60	0.62	0.63
	人工费	0.10	0.11	0.06	0.12	0.12	0.08
	运输费	0.10	0.10	0.08	0.12	0.09	0.08
	租地费	0.02	0.02	0.04	0.02	0.02	0.04
	总成本	1.53	1.90	2.08	1.61	1.95	2.10

（续）

项　目		2017 年 3 月			2018 年 3 月		
		传统模式	公司＋农户	一体化	传统模式	公司＋农户	一体化
收益	雏鸡销售收入	2.10	3.00	3.50	3.00	4.50	3.50
	利润	0.47	1.10	1.42	1.39	2.55	1.40
孵化天数	天	21	21	21	21	21	21
商品代雏鸡价格	元/只	2.10	3.00	3.50	3.00	4.50	3.50

注：孵化费包括水电费、人工授精、健雏率费用等。

1. 传统模式

为满足不同规模养殖户的需要，种鸡场在孵化雏鸡的过程中，有针对性地孵化了不同价位的雏鸡，对于散养户而言，在选择鸡苗的过程中，首先考虑的是价格，其次是成活率。从表 6-2 中可以看出，2017 年 3 月和 2018 年 3 月种鸡场孵化一只雏鸡的生产成本为 1.53 元、1.61 元，每只雏鸡的销售价格分别为 2.1 元、3.0 元，每只雏鸡获得的利润为 0.47 元、1.39 元，成本利润率为 30.72%、86.34%。相比于禽流感时期，在正常情况下，种鸡场盈利空间增加较大，种鸡场有较大的动力扩大生产规模，并加强相关管理工作。

2. "公司＋农户"模式

在"公司＋农户"情况下，公司有自己的种鸡场，公司与农户之间签订合同，由公司向农户提供鸡苗、兽药、饲料等，农户必须购买由公司种鸡场提供的鸡苗。相比于传统模式为散养户提供雏鸡的种鸡场，"公司＋农户"模式下的种鸡场，在重视降低生产成本的同时，更加关注雏鸡的成活率，并愿意为养殖户提供更加优质的鸡苗。从表 6-2 中可以看出，2017 年 3 月和 2018 年 3 月公司自有的种鸡场孵化一只雏鸡的生产成本为 1.90 元、1.95 元，每只雏鸡的销售价格分别为 3.0 元、4.50 元，每只雏鸡获得的利润为 1.10 元、2.55 元，成本利润率为 57.89%、130.76%。从表 1 可以看出，禽流感时期养殖户进入肉鸡养殖的积极性不高，此时的鸡苗价格尚处于正常水平，禽流感过后，大量的养殖户涌入肉鸡养殖行业，雏鸡价格由每只 3.0 元直接上涨到 4.5 元，上涨幅度接近一半。

3. 一体化模式

在一体化模式下，一体化企业有自己的种鸡孵化基地，在孵化过程中，选用优质种蛋以确保雏鸡质量，种蛋费的价格每只保持在 1.15 元，比其他两种模式下的种蛋费都要高。从表 6-2 中可以看出，2017 年 3 月和 2018 年 3 月公司一体化自有的种鸡场孵化一只雏鸡的生产成本基本上都维持在 2.10 元左右，每只雏鸡的销售价格保持不变，都是 3.50 元，每只雏鸡获得的利润为 1.40 元左右，成本利润率为 68.27% 和 66.67%，相对比较稳定。

总的来看，种鸡场经营利润存在一定的空间，2017 年受 H7N9 禽流感、全国环境保护限制畜禽养殖、禁养政策影响，我国肉鸡养殖规模有一定程度的减少，作为肉鸡养殖的上游链条，种鸡场经营收益处于中等偏下水平。据农业部对全国 500 个集贸市场的定点监测，2017 年 3 月份第 3 周（采集日为 2017 年 3 月 15 日）我国商品代肉雏鸡平均价格 2.36 元/只，同比下降 29.3%。据对山东省种禽场调查，2017 年 3 月养殖户补栏积极性严重下降，鸡苗价格每只销售价格 0.2~0.3 元，按生产成本每只 1.8 元计算，每孵化出一只鸡苗，种鸡场亏损 1.5 元左右。即使这样，由于鸡苗无人问津，很多种鸡孵化场不得不中途停止孵化，损失惨重。一些种鸡企业开始提前淘汰种鸡，孵化场出于停产半停产状态。2018 年在非洲猪瘟疫情影响之下，作为替代品的鸡肉需求不断增加，种鸡养殖场收益较大。据农业部对全国 500 个县集贸市场的定点监测，2018 年 3 月份第 3 周（采集日为 2018 年 3 月 21 日），商品代肉雏鸡平均价格 3.08 元/只，与前一周持平，同比上涨 30.5%。2018 年下半年，中国、美国经济贸易摩擦以来，我国国内豆类价格有一定幅度的波动，豆粕作为父母代祖鸡的主要饲料涨幅较大，雏鸡价格一度达到每只 5 元左右，部分地区鸡苗价格已高达 8.4 元/只，山东省蓬莱等地商品代肉雏鸡价格由年初 2.6 元只涨至 8.4 元/只，涨幅高达 223%，鸡苗价格刷新记录，创十年来历史新高，种鸡场收益较大。

6.2.3 养殖环节

本节养殖户成本收益情况以 2017 年 3 月和 2018 年 3 月调研数据为对

比分析，通过发放调查问卷的方式对山东省潍坊市部分散养户和合同养殖户、山东省潍坊市 F 企业、河北省保定市部分散养户和合同养殖户、河北省保定市 B 企业、河南省鹤壁市一体化企业 C、河北省遵化市一体化企业 D 等进行走访座谈，调研内容主要是养殖户的生产经营情况及成本收益情况，共发放调研问卷 421 份，回收有效问卷 409 份。结合国家肉鸡产业技术体系固定观测点季度监测数据、《河北省农产品市场行情监测简报——鲜活农产品价格月报》和山东省畜牧兽医局网站市场行情每日数据等，通过计算得出养殖户成本收益数据。

　　肉鸡养殖过程中养殖户发生的费用主要包括鸡舍折旧费、鸡苗费、饲料费、防疫费、人工费、水电费、煤火费、租地费等。养殖户费用中饲料费的支出最多，其次是鸡苗费，第三是防疫费或人工费，这与第四章肉鸡生产成本效率分析的结果基本一致，从一个侧面也验证了相关分析结论。肉鸡从鸡苗进入养殖场到毛鸡出栏，养殖天数一般在 42 天左右，相同情况下，肉鸡养殖规模化程度越高，养殖天数越短。根据走访调研，毛鸡出栏平均体重在 2.5～3 千克/只，为保持计算口径一致，我们取平均数，毛鸡出栏按照平均值 2.75 千克/只。养殖户在不同模式下，价格低谷期及高峰期成本收益情况见表 6-3。

表 6-3　养殖户平均收益

单位：元/只

项　目		2017 年 3 月			2018 年 3 月		
		传统模式	公司＋农户	一体化	传统模式	公司＋农户	一体化
成本	鸡舍折旧费	0.10	0.16	0.18	0.10	0.16	0.18
	鸡苗费	2.10	3.00	3.50	3.00	4.50	3.50
	饲料费	12.55	12.35	13.00	13.20	12.95	13.00
	防疫费	1.78	1.15	1.00	1.35	1.20	1.10
	人工费	1.58	1.50	1.30	1.60	1.50	1.30
	水电费	0.23	0.24	0.25	0.24	0.24	0.25
	煤火费	0.47	0.50	0.80	0.48	0.52	0.80
	租地费	0.01	0.03	0.04	0.01	0.03	0.04
	总成本	18.82	18.93	20.07	19.36	21.10	20.17

（续）

项　目		2017 年 3 月			2018 年 3 月		
		传统模式	公司＋农户	一体化	传统模式	公司＋农户	一体化
收益	毛鸡销售收入	18.70	20.35	22.00	22.55	22.99	23.65
	鸡粪收入	0.10	0.09	0.09	0.10	0.10	0.10
	总收益	18.80	20.44	22.09	22.65	23.09	23.75
	利润	−0.02	1.51	2.02	3.19	1.99	3.58
养殖天数	天	42	41	40	42	41	40
毛鸡销售价格	元/千克	6.80	7.40	8.00	8.20	8.36	8.80

注：毛鸡平均体重在 2.5～3 千克/只，按 2.75 千克/只计算。

1. 传统模式

在传统模式情况下，散养户直接面对市场，毛鸡销售随行就市，受市场影响较大，从表 6-3 中可以看出，2017 年 3 月和 2018 年 3 月养殖户养殖一只毛鸡的生产成本为 18.82 元、19.36 元，毛鸡出栏价格为每千克 6.8 元、8.2 元，每只毛鸡的销售收入分别为 18.70 元、22.55 元，2017 年 3 月散养户存在一定的亏损，成本利润率为负数；2018 年 3 月，散养户获利较多，养殖利润每只 3.19 元，成本利润率为 16.48％。2017 年 3月，禽流感高发时期，养殖户把大量的精力用在疫病防控上，花费了大量的成本用于药品购置、疫情防疫。受鸡苗质量不高、鸡舍卫生条件差、养殖技术不规范等因素影响，散养户养殖场禽流感疫情较为严重，大批散养户血本无归，纷纷退出养殖市场，部分养殖户资不抵债，因养殖肉鸡而背负大量债务的养殖户不在少数。2017 年下半年，随着禽流感疫情得到有效控制，由于前期养殖户退出较大，肉鸡存栏量偏少，社会对鸡肉的需求量逐步增大，到 2018 年 3 月份，肉鸡养殖每只的养殖利润达到 3.19 元，养殖成为暴利行业。对比 2017 年 3 月和 2018 年 3 月，正如调研中很多散养户所形容的"养殖就像坐过山车"，既可能一夜成为穷光蛋，也可能一夜暴富、成为百万富翁。

2. "公司＋农户"模式

在"公司＋农户"模式情况下，公司对申请农户养殖环境、农户信用和实力等方面进行审核并通过后，与农户签订商品鸡饲养框架协议和商品鸡批养协议，确定养殖规模和结算方式。公司按照"统一布局、统一选址、统一鸡舍建造标准、统一供苗供料供药、统一防疫和技术指导和统一回收成鸡"的原则，与农户进行养殖合作。

从表6-3中可以看出，2017年3月和2018年3月养殖户养殖一只毛鸡的生产成本为18.93元、21.10元，毛鸡出栏价格为每千克7.4元、8.36元，每只毛鸡的销售收入分别为20.35元、22.99元，每只获得的利润为1.51元、1.99元，成本利润率分别为7.98％、9.43％。在禽流感高发时期，与公司签订合同订单的养殖户，按照最低收购价或者协议价出售商品鸡，相比于散养户，有一定的利润收入。在此情况下，公司获利较少，需要承担较大的市场风险，为了保持盈余平衡，可能会提高鸡苗价格。在正常时期，合同养殖户还是按照合同价出售，相比于散养户而言，获利较少。在此情况下，公司有一定的利润空间。不少合同养殖户为了获取暴利，申请解除签约合同，转而成为散养户。

3. 一体化模式

在一体化模式下，一体化企业资金雄厚，一般建有自己的养殖基地，在养殖过程中，选用自己种鸡场孵化的鸡苗、配置专门的饲料和特殊的药品以确保毛鸡的成活率，注重加强对饲养场内外、鸡舍内外环境控制，并做好鸡舍防鸟、防鼠及吸血蚊虫的杀灭工作；严格对养禽场的人员、车辆、饲料、饮水、物品的消毒及病死禽、废弃物的无害化处理；能够科学有效免疫，正确合理用药，为毛鸡提供清洁的鸡舍，优良的生长环境以提高产品质量。从表6-3中可以看出，2017年3月和2018年3月一体化养殖场养殖一只毛鸡的生产成本为20.07元、20.17元，毛鸡出栏价格为每千克8.0元、8.8元，每只毛鸡的销售收入分别为22.00元、23.65元，每只毛鸡的利润分别为2.02元、3.58元，成本利润率分别为10.06％、17.75％，盈利相对比较稳定。

"同行无同利"。这正是肉鸡养殖行业的真实写照。据肉鸡养殖企业负责人和散养户介绍，平均算下来每个养殖场每年养殖肉鸡6个批次，这其中，至少有1～2个批次的养殖是亏损的、1～2个批次的养殖是获利的、1～2个批次的养殖处于盈亏平衡的。

对于传统经营模式下的散养户，养殖一般采用中小型种鸡场鸡苗，购入鸡苗价格相对较低，在带来总体养殖成本不高的优势的同时，也带来了鸡苗成活率不高的问题，养殖中所必需的饲料、防疫药品等大多从大中型肉鸡企业购买，购入价格相对比"公司＋农户"、公司一体化下养殖户的价格高一些，但是总的养殖成本要比"公司＋农户"、公司一体化下低一些，毛鸡价格随行就市，这就造成在肉鸡养殖行情好的时期，每只毛鸡获利较多，甚至存在暴利的情况；肉鸡养殖行情差的时期，每只毛鸡获利较少，甚至存在亏损的情况。

对于"公司＋农户"模式下养殖户而言，养殖一般采用大中型种鸡场鸡苗，购入鸡苗价格相对高一些，农户直接从公司购入鸡苗、饲料和防疫药品等，饲料价格、疫苗价格要比散养户、公司一体化模式下养殖成本低一些，毛鸡按照合同价格收购，在肉鸡养殖行情好的时期，养殖户每只毛鸡的养殖利润在 2～3 元，比散养户养殖利润要低很多；在肉鸡养殖行情差的时期，公司按照合同价格收购，养殖户每只毛鸡的养殖利润在 1～2元，能够保证基本的收益，在这其中，公司承担了较大的资金压力，一些公司可能会通过提高饲料、药品价格等方式变相减轻财务压力。

对于一体化模式下企业养殖而言，公司面对的是直销店顾客或者大客户，一般与相对固定的客户签订鸡肉购买协议，销售价格比散养户、"公司＋农户"模式下价格要高一些。在肉鸡养殖中，一体化企业愿意投入更多的成本用于肉鸡质量的提高，用最先进的设备用于肉鸡养殖，使用专门的饲料和防疫药品等进行养殖，实现养殖全过程监控，鸡苗成活率相对较高，疫情疫病发生率相对较低。由于销售渠道固定，加上养殖过程相对单一，相对而言，一体化企业养殖成本、销售收益及利润等相对固定，无论是肉鸡养殖行情好的时期，还是养殖行情差的时期，每只毛鸡获利变化不大。

6.2.4　屠宰环节

本节屠宰加工企业成本收益情况以 2017 年 3 月和 2018 年 3 月调研数据为对比分析，通过发放调查问卷的方式对山东省潍坊市 G 食品加工企业、河北省邯郸 H 食品加工企业、河北省保定市 I 屠宰加工企业、河南省鹤壁市一体化企业 C、河北省遵化市一体化企业 D 等进行走访座谈，调研内容主要是食品加工企业、屠宰加工企业、一体化企业的生产经营情况及成本收益情况，共发放调研问卷 40 份，回收有效问卷 36 份。结合国家肉鸡产业技术体系固定观测点季度监测数据、山东省畜牧兽医局网站及河南省畜牧兽医局市场行情每日数据、《河北省农产品市场行情监测简报——鲜活农产品价格月报》等，通过计算得出屠宰加工企业成本收益数据。

毛鸡屠宰加工过程中屠宰加工企业发生的费用主要包括厂房折旧费、毛鸡收购成本、人工费、水电费、管理费、冷冻包装费、运输费等。按照日屠宰量（Pa）来确定屠宰场的规模，屠宰场分为大、中、小三种规模。日屠宰量在 3 万只以下的为小型屠宰场；日屠宰量 3 万～6 万只为中型屠宰场；日屠宰场在 6 万只以上的为大型屠宰场，按照屠宰前检验、消毒、分割、包装、速冻等环节完成屠宰加工过程。毛鸡从送到屠宰场到分割包装运送出场，整个过程不超过 12 个小时，一体化企业由于运输半径相对较短，部分企业屠宰加工时间还不到 8 个小时。屠宰加工产品较多，以白条鸡和鸡爪、鸡肝为主，毛鸡按照 87% 的出肉率计算，白条鸡一般的平均体重 2.4 千克/只。屠宰加工企业（屠宰场）销售收入主要由两部分组成，一是鸡肉产品收入，销售产品为白条鸡；二是副产品收入，销售产品主要为鸡爪、鸡肝。在不同流通模式下，价格低谷期及高峰期成本收益情况见表 6-4。

表 6-4 屠宰加工企业平均成本收益

单位：元/只

项 目		2017 年 3 月			2018 年 3 月		
		传统模式	公司＋农户	一体化	传统模式	公司＋农户	一体化
成本	厂房折旧费	0.12	0.12	0.13	0.12	0.12	0.13
	收购成本	18.70	20.35	22.00	22.55	22.99	23.65
	人工费	0.50	0.50	0.40	0.52	0.52	0.48
	水电费	0.15	0.15	0.12	0.16	0.16	0.14
	管理费	0.20	0.20	0.18	0.22	0.22	0.19
	冷冻包装费	0.50	0.50	0.60	0.50	0.50	0.60
	运输费	0.80	0.68	0.40	0.86	0.75	0.62
	总成本	20.97	22.50	23.83	24.93	25.26	25.81

（续）

项　目		2017 年 3 月			2018 年 3 月		
		传统模式	公司＋农户	一体化	传统模式	公司＋农户	一体化
收益	鸡肉销售收入	22.56	23.76	25.44	26.64	26.88	29.04
	鸡爪、鸡肝收入	0.40	0.40	0.45	0.45	0.45	0.50
	总收益	22.96	24.16	26.04	27.09	27.33	29.54
	利润	1.99	1.66	2.21	2.16	2.07	3.73
屠宰周期	小时	12	10	8	12	10	8
白条鸡出厂价格	元/千克	9.40	9.90	10.60	11.10	11.20	12.10

注：毛鸡按照 87％的出肉率计算，白条鸡平均体重 2.4 千克/只。

1. 传统模式

在传统模式下，屠宰加工企业（屠宰场）按照市场价格收购毛鸡，从表 6-4 中可以看出，2017 年 3 月和 2018 年 3 月屠宰加工企业（屠宰场）屠宰加工一只毛鸡的生产成本为 20.97 元、24.93 元，白条鸡出厂价格分别为 9.4 元/千克、11.10 元/千克，总的销售收入分别为 22.56 元/只、26.64 元/只，屠宰加工每只毛鸡的利润分别为 1.99 元、2.16 元，成本利润率为 9.49％、8.66％。

2. "公司＋农户"模式

在"公司＋农户"模式下，屠宰加工企业（屠宰场）按照市场价格和企业协议价收购毛鸡，从表 6-4 中可以看出，2017 年 3 月和 2018 年 3 月屠宰加工企业（屠宰场）屠宰加工一只毛鸡的生产成本为 22.50 元、25.26 元，白条鸡出厂价格分别为 9.9 元/千克、10.60 元/千克，总的销售收入分别为 23.76 元/只、26.88 元/只，屠宰加工每只毛鸡的利润分别为 1.66 元、2.07 元，成本利润率为 6.99％、7.70％。

3. 一体化模式

在一体化模式下，一体化企业有自己的屠宰加工企业，从表 6-4 中可以看出，2017 年 3 月和 2018 年 3 月屠宰加工企业（屠宰场）屠宰加工一只毛鸡的生产成本为 23.83 元、25.81 元，白条鸡出厂价格分别为 10.6 元/千克、12.1 元/千克，总的销售收入分别为 25.44 元/只、29.04 元/只，屠宰加工每只毛鸡的利润分别为 2.21 元、3.73 元，成本利润率为 9.27%、14.45%。

总的来说，屠宰加工企业（屠宰场）收益相对稳定，但也受鸡肉价格影响较大，在走访中，河北邯郸 H 食品加工企业负责人郭经理介绍，一般情况下，屠宰场每天的日屠宰量在十多万只，2017 年 3 月禽流感暴发后，一天只能屠宰四五万只，消费市场没有强劲的消费需求，作为屠宰场只能贱卖已屠宰加工好的鸡肉制品。而在一体化模式下，同等时期，河北遵化市一体化企业 D 负责人李经理介绍到，企业在鸡肉价格高峰期和低谷期屠宰量差别不大，由于企业供应单位和日均采购量相对固定，肉鸡屠宰加工成本收益受市场行情影响不大。

6.2.5　销售环节

本节销售环节农贸市场、超市、大客户等成本收益情况以 2017 年 3 月和 2018 年 3 月调研数据为对比分析，通过发放调查问卷的方式对河北省石家庄市裕华区 J 农贸市场、保定市易县 K 超市、唐山市市中心麦当劳、山东省潍坊市 L 超市、河南省鹤壁市 M 企业等进行走访座谈，调研内容主要是农贸市场肉鸡摊位、超市肉鸡销售部、麦当劳等生产经营情况及成本收益情况，共发放调研问卷 87 份，回收有效问卷 73 份。结合国家肉鸡产业技术体系固定观测点季度监测数据、山东省畜牧兽医局网站及河南省畜牧兽医局市场行情每日数据、《河北省农产品市场行情监测简报—鲜活农产品价格月报》等，通过计算得出销售商成本收益数据。

白条鸡销售中销售商发生的费用主要包括摊位费、采购成本、人工费、水电费、包装费、运输费等。据走访调研，白条鸡从送到农贸市场、超市或大客户消费商到销售到消费者手中，时间大约在 24 小时左右。

在不同模式下，价格低谷期及高峰期成本收益情况见表 6-5。

1. 传统模式

在传统模式下，肉鸡产品市场销售的主要对象是中等收入以下人群，销售地点为农贸市场或者乡镇超市，鸡肉价格相对不高，从表 6-5 中可

表6-5 销售商平均成本收益表

单位：元/只

项 目		2017年3月			2018年3月		
		传统模式	公司+农户	一体化	传统模式	公司+农户	一体化
成本	摊位费	0.35	0.35	0.36	0.40	0.40	0.42
	采购成本	22.56	23.76	25.44	26.64	26.88	29.04
	人工费	0.69	0.70	0.68	0.72	0.72	0.70
	水电费	0.20	0.20	0.18	0.20	0.20	0.20
	包装费	0.16	0.16	0.18	0.16	0.16	0.18
	运输费	0.40	0.40	0.35	0.40	0.40	0.35
	总成本	24.36	25.57	27.19	28.52	28.76	30.89
收益	总收益	26.40	27.84	29.76	31.44	31.92	34.80
	利润	2.04	2.27	2.57	2.92	3.16	3.91
销售周期	小时	24	24	20	24	24	20
白条鸡销售价格	元/千克	11.00	11.60	12.40	13.10	13.30	14.40

注：白条鸡平均体重按照2.4千克/只计算。

以看出，2017年3月和2018年3月销售商经营销售一只白条鸡的成本为24.36元、28.52元，白条鸡销售价格分别为11.0元/千克、13.10元/千克，总的销售收入分别为26.40元/只、31.44元/只，销售每只白条鸡的利润分别为2.04元、2.92元，成本利润率为8.37%、10.24%。

2. "公司+农户"模式

在"公司+农户"模式下，肉鸡产品市场销售的主要对象是中等收入人群，销售地点为大中型超市，鸡肉价格处于中等水平，从表6-5中可以看出，2017年3月、2018年3月经销商经营销售一只白条鸡的成本为25.57元、28.76元，白条鸡销售价格分别为11.60元/千克、13.30元/千克，总的销售收入分别为27.84元/只、31.92元/只，销售每只毛鸡的利润分别为2.27元/只、3.16元/只，成本利润率为8.88%、10.99%。

3. 一体化模式

在一体化模式下，肉鸡产品市场销售的主要对象是高收入群体，鸡肉价格处于中等偏上水平，从表 6-5 中可以看出，2017 年 3 月和 2018 年 3 月经销商经营销售一只白条鸡的成本为 27.19 元、30.89 元，白条鸡销售价格分别为 12.40 元/千克、14.40 元/千克，总的销售收入分别为 29.76 元、34.80 元，销售每只毛鸡的利润分别为 2.57 元/只、3.91 元/只，成本利润率为 9.45%、12.66%。

6.3　不同模式下肉鸡产业链利益分配格局分析

通过对白羽肉鸡主产区的调研，肉鸡产业从雏鸡孵化到白条鸡上市销售，在不同流通模式下各环节的利益主体的成本收益情况不同。本节在分析肉鸡产业链成本收益情况的基础上，进一步对比分析不同流通模式下，各环节主体之间的成本收益及利益分配格局。

6.3.1　传统模式

在以散养户为主体的"种鸡场＋散养户＋屠宰加工企业＋批发市场"传统市场交易模式下，受疫病疫情、雏鸡价格等因素影响较大。当肉鸡养殖行情好时，肉鸡产业链条相对比较稳定；当肉鸡养殖行情差时，肉鸡产业链条相对比较脆弱，各主体收益悬殊较大。传统模式下的产业链条主要为"种鸡场＋养殖户＋屠宰加工企业＋批发零售"环节。从雏鸡孵化环节作为分析起点来看整个肉鸡产业链的各个环节，除 2017 年 3 月养殖环节亏损外，其余各个环节均处于盈利状态。

1. 价格低谷期肉鸡产业链各环节利润分配相关情况

2017 年 3 月，肉鸡产业链雏鸡孵化、肉鸡养殖、屠宰加工及鸡肉销售环节各利益主体成本收益情况见图 6-4。在雏鸡孵化环节，种鸡场每投入 1.53 元的雏鸡孵化成本获得 0.47 元的净收益，屠宰加工企业经过对毛鸡的初加工获得 1.99 元的净收益，而在经销商销售环节每销售一只白条鸡，净销售获得 2.04 元的净利润。通过分析发现，该产业链条总的利润为 4.48 元，雏鸡孵化、毛鸡养殖、屠宰加工、鸡肉销售各环节利润分配比例为 10.49∶（−0.45）∶44.42∶45.54。各环节收益中，鸡肉销售环节利润最高，其次是屠宰加工环节，第三是雏鸡孵化环节，第四是养殖环节。养殖户因受禽流感影响，鸡肉市场销售减少，受市场价格影响，肉鸡养殖处于亏损状态。

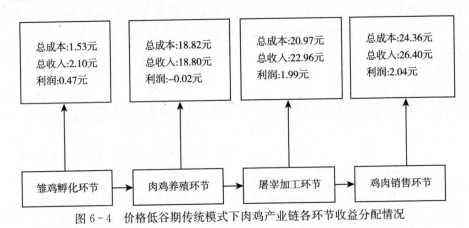

图 6-4 价格低谷期传统模式下肉鸡产业链各环节收益分配情况

2. 价格高峰期肉鸡产业链各环节利润分配相关情况

2018 年 3 月，肉鸡产业链中雏鸡孵化、肉鸡养殖、屠宰加工及鸡肉销售环节各利益主体成本收益情况见图 6-5。

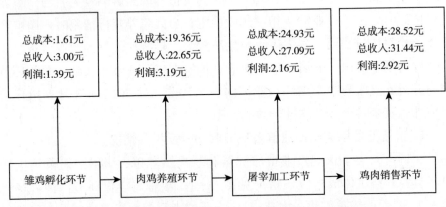

图 6-5 价格高峰期传统模式下肉鸡产业链各环节收益分配情况

从图 6-5 可以看出，雏鸡孵化环节，种鸡场每投入 1.61 元的雏鸡孵化成本获得 1.39 元的净收益，养殖户每投入 19.36 元的养殖成本获得

3.19元的净收益，屠宰加工企业经过对毛鸡的初加工获得2.16元的净收益，而在经销商销售环节每销售一只白条鸡，净销售获得2.92元的净利润。通过分析发现，该产业链条总的利润为9.66元，雏鸡孵化、毛鸡养殖、屠宰加工、鸡肉销售各环节利润分配比例为14.39∶33.02∶22.36∶30.23。各环节收益中，收益最高的是养殖环节，其次是鸡肉销售环节，第三是屠宰加工环节，第四是雏鸡孵化环节。养殖户成本相对较低，禽流感后，市场行情较好，鸡肉市场需求较大，肉鸡养殖收益较大。

6.3.2　"公司＋农户"模式

在以"公司＋农户"为主体的"种鸡场＋养殖户＋屠宰加工企业＋超市"的流通模式下，养殖户与公司之间签订了购买合同，雏鸡成活率相对较高，公司按照合同协议价收购毛鸡，养殖户受疫情疫病及市场行情影响较小，无论市场行情好坏，对整个产业链影响不大。"公司＋农户"模式下的产业链条主要为"种鸡场＋养殖户＋屠宰加工企业＋超市零售"环节。从雏鸡孵化环节作为分析起点来看整个肉鸡产业链的各个环节处于盈利状态。

1. 价格低谷期肉鸡产业链各环节利润分配相关情况

2017年3月，肉鸡产业链中雏鸡孵化、肉鸡养殖、屠宰加工及鸡肉销售环节各利益主体成本收益情况见图6-6。

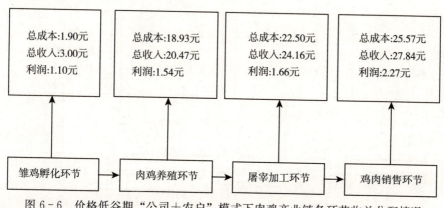

图6-6　价格低谷期"公司＋农户"模式下肉鸡产业链各环节收益分配情况

从图6-6可以看出，雏鸡孵化环节，种鸡场每投入1.90元的雏鸡孵化成本获得1.10元的净收益，养殖户每投入18.93元的养殖成本获得1.54元的净收益，屠宰加工企业经过对毛鸡的初加工获得1.66元的净收益，而在经销商销售环节每销售一只白条鸡，净销售获得2.27元的净利润。通过分析发现，该产业链条总的利润为6.57元，雏鸡孵化、毛鸡养殖、屠宰加工、鸡肉销售各环节利润分配比例为16.74：23.44：25.27：34.55。各环节收益中，鸡肉销售环节利润最高，其次是屠宰加工环节，第三是养殖环节，第四是雏鸡孵化环节。

2. 价格高峰期肉鸡产业链各环节利润分配相关情况

2018年3月，肉鸡产业链中雏鸡孵化、肉鸡养殖、屠宰加工及鸡肉销售环节各利益主体成本收益情况见图6-7。从图6-7可以得出，在肉鸡产业链中，雏鸡孵化环节，种鸡场每投入1.95元的雏鸡孵化成本获得2.55元的净收益，养殖户每投入21.10元的养殖成本获得1.99元的净收益，屠宰加工企业经过对毛鸡的初加工获得2.07元的净收益，而在经销商销售环节每销售一只白条鸡，净销售获得3.16元的净利润。通过分析发现，该产业链条总的利润为9.77元，雏鸡孵化、毛鸡养殖、屠宰加工、鸡肉销售各环节利润分配比例为26.10：20.37：21.99：32.34。各环节收益中，鸡肉销售环节利润最高，其次是雏鸡孵化环节，第三是屠宰加工环节，第四是养殖环节。

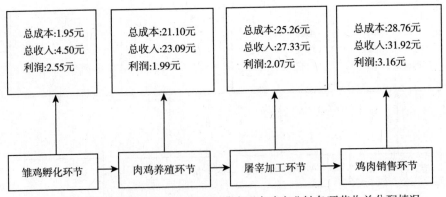

图6-7 价格高峰期"公司＋农户"模式下肉鸡产业链各环节收益分配情况

6.3.3　一体化模式

在以大中型公司为主体"一体化企业＋直销店（大客户）"的流通模式下，一体化企业内包含雏鸡孵化、毛鸡养殖、屠宰加工等各个环节，并与直销店或者麦当劳、肯德基等大客户签订购买合同，企业生产成本相对较高，鸡肉市场销售价格也比其他两种模式高一些。一体化模式下的产业链条主要为"一体化企业＋直销店（大客户）"。一体化模式下，整个肉鸡产业链的各个环节均处于盈利状态。

1. 价格低谷期肉鸡产业链各环节利润分配相关情况

2017 年 3 月，在一体化企业模式下，肉鸡产业链中雏鸡孵化、肉鸡养殖、屠宰加工及鸡肉销售环节各利益主体成本收益情况见图 6-8。

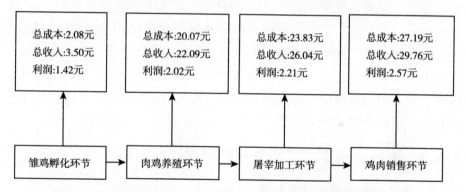

图 6-8　价格低谷期一体化企业模式下肉鸡产业链各环节收益分配情况

从图 6-8 可以得出，在一体化企业模式下，雏鸡孵化环节、养殖、屠宰加工环节，一体化企业获得净收益为 5.65 元，而在经销商销售环节每销售一只白条鸡，净销售获得 2.57 元的净利润。通过分析发现，该产业链条总的利润为 8.22 元，雏鸡孵化、毛鸡养殖、屠宰加工、鸡肉销售各环节利润分配比例为 17.27：24.57：26.89：31.27。各环节收益中，鸡肉销售环节利润最高，其次是屠宰加工环节，第三是养殖环节，第四是雏鸡孵化环节。

2. 价格高峰期肉鸡产业链各环节利润分配相关情况

2018 年 3 月，在一体化企业模式下，肉鸡产业链中雏鸡孵化、肉鸡养殖、屠宰加工及鸡肉销售环节各利益主体成本收益情况见图6-9。

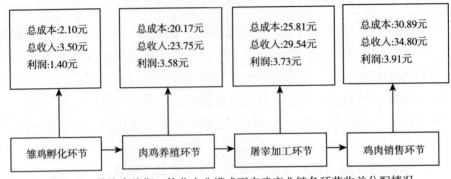

图6-9　价格高峰期一体化企业模式下肉鸡产业链各环节收益分配情况

从图6-9可以得出，在一体化企业模式下，肉鸡产业链中，从雏鸡孵化环节、养殖、屠宰加工环节，一体化企业获得净收益为8.71元，而在经销商销售环节每销售一只白条鸡，净销售获得3.91元的净利润。通过分析发现，该产业链条总的利润为12.62元，雏鸡孵化、毛鸡养殖、屠宰加工、鸡肉销售各环节利润分配比例为11.09：28.37：29.56：30.98。各环节收益中，鸡肉销售环节利润最高，其次是屠宰加工环节，第三是养殖环节，第四是雏鸡孵化环节。

6.3.4　不同流通模式下利益分配格局比较分析

1. 肉鸡产业链增值情况分析

由肉鸡各流通模式下产业链总体增值比较来看（表6-6），一体化模式较其他两种模式增值较多。在价格低谷期，即2017年3月，一体化模式下肉鸡全产业链累计增值8.22元，该模式比"公司＋农户"模式下增加25％，比传统模式下增加83％。从各环节增值情况来看，一体化模式下雏鸡孵化环节收益最高，此环节增值1.42元，该模式下雏鸡孵化环节比传统模式下增加202.13％，比"公司＋农户"模式下增加29.09％；一体化模式下养殖环节、屠宰加工环节、鸡肉销售环节收益均是最高的，其主要原因：与另外两种模式相比，一体化模式下产业链各环节主体之间在生产管理、要素供应等方面协作更加紧密，更有助于各生产要素流动，节约总体成本，从而提高产品品牌价值。

表 6-6 不同模式下肉鸡产业链增值一览表

单位：元/只

类别		2017 年 3 月			2018 年 3 月		
		传统模式	公司＋农户	一体化	传统模式	公司＋农户	一体化
各环节	雏鸡孵化环节	0.47	1.10	1.42	1.39	2.55	1.40
	肉鸡养殖环节	−0.02	1.54	2.02	3.19	1.99	3.58
	屠宰加工环节	1.99	1.66	2.21	2.16	2.07	3.73
	鸡肉销售环节	2.04	2.27	2.57	2.92	3.16	3.91
	产业链累计增值	4.48	6.57	8.22	9.66	9.77	12.62

在价格高峰期，即 2018 年 3 月，一体化模式下肉鸡全产业链累计增值 12.62 元，较"公司＋农户"模式下增加 29%，较散养户模式下增加 31%。从各环节增值情况来看，"公司＋农户"模式下雏鸡孵化环节收益最高，此环节增值 2.55 元，该模式下雏鸡孵化环节比传统模式下增加 83.45%，比"公司＋农户"模式下增加 82.14%；一体化模式下养殖环节收益最高，此环节增值 3.58 元，该模式下养殖环节比传统模式下增加 12%，比"公司＋农户"模式下增加 79.90%；一体化模式下屠宰加工环节收益最高，此环节增值 3.73 元，该模式下屠宰加工环节比传统模式下增加 72.68%，比"公司＋农户"模式下增加 80.19%；一体化模式下销售环节收益最高，此环节增值 3.91 元，该模式下销售环节比传统模式下增加 33.90%，比"公司＋农户"模式下增加 23.73%。在传统模式下，价格高峰期肉鸡产业链各主体所获利益占比情况见图 6-10。

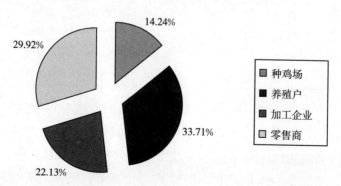

图 6-10 传统模式下价格高峰期肉鸡产业链各主体所获利益所占比重

从图 6-10 可以得出，在传统模式下，雏鸡孵化环节所获收益占肉鸡全产业链的比重为 14.24%，养殖环节占比为 33.71%，屠宰加工环节占比为 22.13%，鸡肉销售环节占比为 29.92%。在鸡肉价格高峰期，相对于其他模式，散养户获取的收益相对较多，在肉鸡产业链中的收益占比也相对较高。

2. 产业链各环节成本利益率

就肉鸡产业链各环节成本收益率来看（表 6-7），在鸡肉价格低谷期，即 2017 年 3 月，一体化模式下雏鸡孵化环节成本收益率最高，其次是"公司＋农户"模式下的雏鸡孵化环节，第三是传统模式下的雏鸡孵化环节；就肉鸡养殖环节来看，一体化模式下养殖环节成本收益率最高，第二是"公司＋农户"模式下的养殖环节，第三是传统模式下的养殖环节；就肉鸡屠宰加工环节来看，传统模式下屠宰加工环节成本收益率最高，比一体化模式下屠宰加工环节的成本收益率高 0.22 个百分点，比"公司＋农户"模式下屠宰加工环节的成本收益率高 2.11 个百分点；就鸡肉销售环节来看，一体化模式下鸡肉消费环节成本收益率最高，比"公司＋农户"模式下鸡肉消费环节的成本收益率高 1.08 个百分点，比传统模式下鸡肉消费环节的成本收益率高 0.57 个百分点。

表 6-7　不同模式下肉鸡产业链各环节成本收益率一览表

单位：%

类　别	2017 年 3 月			2018 年 3 月		
	传统模式	公司＋农户	一体化	传统模式	公司＋农户	一体化
雏鸡孵化环节	30.72	57.89	68.27	86.34	130.76	66.67
肉鸡养殖环节	−0.11	7.98	10.06	16.48	9.43	17.75
屠宰加工环节	9.49	6.99	9.27	8.66	7.70	14.45
鸡肉销售环节	8.37	8.88	9.45	10.24	10.99	12.66

在鸡肉价格高峰期（2018 年 3 月），肉鸡产业链各环节成本收益率与低谷期（2017 年 3 月）总体趋势基本类似，具体环节存在差异，"公司＋农户"模式下雏鸡孵化环节成本收益率最高，其次是散养户模式下的雏鸡孵化环节，第三是一体化模式下的雏鸡孵化环节；就肉鸡养殖环节来看，一体化模式下养殖环节成本收益率最高，其次是传统模式下的养殖环节，

第三是"公司＋农户"模式下的雏鸡孵化环节；就肉鸡屠宰加工环节来看，一体化模式下屠宰加工环节成本收益率最高，比"公司＋农户"模式下屠宰加工环节的成本收益率高 6.85 个百分点，比传统模式下屠宰加工环节的成本收益率高 5.79 个百分点；就鸡肉销售环节来看，一体化模式下鸡肉消费环节成本收益率最高，比"公司＋农户"模式下鸡肉消费环节的成本收益率高 1.67 个百分点，比传统模式下鸡肉消费环节的成本收益率高 2.42 个百分点。

从鸡肉价格低谷期和高峰期对比来看，肉鸡产业链各环节中利润分配还存在一定的不均衡。相比屠宰加工和零售环节，雏鸡孵化、肉鸡养殖环节周期相对较长，投入的人力物力也相对较多，但是获取的收益相对较低，需要重新对肉鸡产业链各环节利益分配格局进行重塑，以更好地维持肉鸡产业健康发展。

6.4 肉鸡产业链利益合理分配分析

结合上一节所提到的肉鸡产业链利益分配现状，本节将利用 Shapley 值法，按照肉鸡产业链中各相关利益主体对肉鸡整个产业链的贡献情况，从而计算出肉鸡整个产业链各个环节之间相对合理分配的利润及比例。

6.4.1 利益分配 Shapley 值法

Shapely 值来源于 Shapely（1953），主要指的是同盟各个参与方之间的相关利益分配之间等于其在参与整个同盟的边际贡献平均值，适用于同盟中各个成员之间利益活动互不对抗的现实情形，同盟间相互合作会为每个同盟成员带来最大的收益。Shapley 值法是用来测算同盟中各个参与方的最大利益分配方案，从而进一步了解现实情况下利益分配方案与最大利益情况下分配方案之间的差别，其相关内容定义如下（黄卉，2012）：

假设 n 个参加人员随机排序，同盟 S 的权重为 $\frac{s!\ (n-s-1)!}{n!}$，Shapely 值将同盟获得收益方按照以下的式子进行相应分配：在 Shapley 值法中，合作各方面在合作中所获得利益分配成为 Shapley 值法，并记作：

$$R(v) = [\varphi_1(v), \varphi_2(v), \varphi_3(v), \cdots, \varphi_n(v)] \tag{1}$$

$$\varphi_i(v) = \sum_{i=1}^{n} w(|s|)\left[v(s) - v\left(\frac{s}{i}\right)\right], i = 1, 2, \cdots, n \tag{2}$$

$$w(|s|) = \frac{(n-|s|)!}{n!}(|s|-1) \tag{3}$$

$$x_i = \sum_{s \in S_i} w(|s|)\left[v(s) - v(s|i)\right] \tag{4}$$

$$w(|s|) = \frac{(n-|s|)!\ (|s|-1)!}{n!} \tag{5}$$

以上式子中，s 代表了整个集合中所包含的子集合，X_i 表示在集合 s 的状态下所获得最大收益。

对于整个肉鸡产业链而言，$|s|$ 指的是整个肉鸡产业链上各个参与合作的利益主体个数，即在不同的合作状态下，当 $|s|=1$ 时，指的是整个肉鸡产业链上各相关利益主体之间均保持着相对独立，没有进行单独的合作；当 $|s|=2$ 时，指的是整个肉鸡产业链上的某两个利益主体之间相互进行合作，也就是肉鸡种鸡场与养殖户（场）、养殖户（场）与屠宰加工企业或屠宰加工企业与零售商合作；当 $|s|=3$ 时，指的是整个肉鸡产业链上的某三个利益主体之间相互合作，也就是种鸡场与养殖户和屠宰加工企业三者合作或养殖户与屠宰加工企业和零售店合作；当 $|s|=4$ 时，表示肉鸡产业链上的种鸡场、养殖户、屠宰加工企业和零售店四者之间进行相互合作的状态。整个肉鸡产业链下种鸡场的利益分配模型见表 6-8 所示。

表 6-8　肉鸡产业链中种鸡场的利益分配模型

分配模型	种鸡场	种鸡场＋养殖户	种鸡场＋加工企业	种鸡场＋零售商
$v(s)$	a_{11}	a_{12}	a_{13}	a_{14}
$v(s/i)$	a_1	a_{22}	a_{23}	a_{24}
$v(s)-v(s/i)$	A_1	A_2	A_3	A_4
$|s|$	1	2	2	2
$w(|s|)$	1/4	1/12	1/12	1/12
$v(s)$	a_{15}	a_{16}	a_{17}	a_{18}

（续）

分配模型	种鸡场＋养殖户＋加工企业	种鸡场＋养殖户＋零售商	种鸡场＋加工企业＋零售商	种鸡场＋养殖户＋加工企业＋零售商
$v(s)$	a_{15}	a_{16}	a_{17}	a_{18}
$v(s/i)$	a_{25}	a_{26}	a_{27}	a_{28}
$v(s)-v(s/i)$	A_5	A_6	A_7	A_8
$|s|$	3	3	3	4
$w(|s|)$	1/12	1/12	1/12	1/4

整个肉鸡产业链中养殖户的利益分配模型见表6-9。

表6-9　肉鸡产业链中养殖户的利益分配模型

分配模型	养殖户	养殖户＋种鸡场	养殖户＋加工企业	养殖户＋零售商
$v(s)$	b_{11}	b_{12}	b_{13}	b_{14}
$v(s/i)$	b_{21}	b_{22}	b_{23}	b_{24}
$v(s)-v(s/i)$	B_1	B_2	B_3	B_4
$|s|$	1	2	2	2
$w(|s|)$	1/4	1/12	1/12	1/12

分配模型	养殖户＋种鸡场＋加工企业	养殖户＋种鸡场＋零售商	养殖户＋加工企业＋零售商	种鸡场＋养殖户＋加工企业＋零售商
$v(s)$	b_{15}	b_{16}	b_{17}	b_{18}
$v(s/i)$	b_{25}	b_{26}	b_{27}	b_{28}
$v(s)-v(s/i)$	B_5	B_6	B_7	B_8
$|s|$	3	3	3	4
$w(|s|)$	1/12	1/12	1/12	1/4

肉鸡产业链中屠宰加工企业的利益分配模型见表6-10。

表6-10　肉鸡产业链中屠宰加工企业的利益分配模型

分配模型	加工企业	种鸡场＋加工企业	养殖户＋加工企业	加工企业＋零售商
$v(s)$	c_{11}	c_{12}	c_{13}	c_{14}
$v(s/i)$	c_{21}	c_{22}	c_{23}	c_{24}
$v(s)-v(s/i)$	C_1	C_2	C_3	C_4
$|s|$	1	2	2	2
$w(|s|)$	1/4	1/12	1/12	1/12

（续）

分配模型	种鸡场＋养殖户＋加工企业	种鸡场＋加工企业＋零售商	养殖户＋加工企业＋零售商	种鸡场＋养殖户＋加工企业＋零售商
$v(s)$	c_{15}	c_{16}	c_{17}	c_{18}
$v(s/i)$	c_{25}	c_{26}	c_{27}	c_{28}
$v(s)-v(s/i)$	C_5	C_6	C_7	C_8
$|s|$	3	3	3	4
$w(|s|)$	1/12	1/12	1/12	1/4

肉鸡产业链中零售商的利益分配模型见表 6－11。

表 6－11　肉鸡产业链中零售商的利益分配模型

分配模型	零售商	种鸡场＋零售商	养殖户＋零售商	加工企业＋零售商
$v(s)$	d_{11}	d_{12}	d_{13}	d_{14}
$v(s/i)$	d_{21}	d_{22}	d_{23}	d_{24}
$v(s)-v(s/i)$	D_1	D_2	D_3	D_4
$|s|$	1	2	2	2
$w(|s|)$	1/4	1/12	1/12	1/12

分配模型	种鸡场＋养殖户＋零售商	养殖户＋加工企业＋零售商	种鸡场＋加工企业＋零售商	种鸡场＋养殖户＋加工企业＋零售商
$v(s)$	d_{15}	d_{16}	d_{17}	d_{18}
$v(s/i)$	d_{25}	d_{26}	d_{27}	d_{28}
$v(s)-v(s/i)$	D_5	D_6	D_7	D_8
$|s|$	3	3	3	4
$w(|s|)$	1/12	1/12	1/12	1/4

根据以上的模型分析，可以得出种鸡场、养殖户、屠宰加工企业和零售商的收益情况分别为：

种鸡场收益为：$F_1 = A_1/4 + A_2/4 + A_3/4 + A_4/4 + A_5/4 + A_6/4 + A_7/4 + A_8/4$

养殖户收益为：$F_2 = B_1/4 + B_2/4 + B_3/4 + B_4/4 + B_5/4 + B_6/4 + B_7/4 + B_8/4$

屠宰加工企业收益为：$F_3 = C_1/4 + C_2/4 + C_3/4 + C_4/4 + C_5/4 + C_6/4 + C_7/4 + C_8/4$

零售商收益为：$F_4 = D_1/4 + D_2/4 + D_3/4 + D_4/4 + D_5/4 + D_6/4 + D_7/4 + D_8/4$

6.4.2 不同合作状态下的成本收益

鉴于肉鸡产业链流通模式多样化，本节在计算各环节利益分配 Shapley 值时，根据各利益主体情况分各个模式进行计算。在肉鸡产业链各个环节利益主体非合作状态下，各环节相互独立，各环节利润可以视为传统模式下各环节的利润。

在合作状态下，①当两者合作时，种鸡场＋养殖户可视为"公司＋农户"模式下种鸡场与养殖户两者合作的共同利润；种鸡场＋屠宰加工企业可以视为传统模式下种鸡场与屠宰加工企业两者之间合作的共同利润，原因是两者相对独立；种鸡场＋零售商可视为传统模式下种鸡场与零售商两者合作的共同利润；养殖户＋屠宰加工企业可视为"公司＋农户"模式下养殖户与屠宰加工企业两者合作的共同利润；养殖户＋零售商可视为传统模式下养殖户与零售商两者合作的共同利润；屠宰加工企业＋零售商可视为"公司＋农户"模式下屠宰加工企业与零售商两者合作的共同利润。②当三者合作时，种鸡场＋养殖户＋屠宰加工企业可视为"公司＋农户"模式下种鸡场、养殖户与屠宰加工企业三者合作的共同利润；种鸡场＋养殖户＋零售商可视为"公司＋农户"模式下种鸡场、养殖户与零售商三者合作的共同利润；种鸡场＋屠宰加工企业＋零售商可视为传统模式下种鸡场、屠宰加工企业与零售商三者合作的共同利润；养殖户＋屠宰加工企业＋零售商可视为"公司＋农户"模式下养殖户、屠宰加工企业与零售商三者合作的共同利润。③当四者合作时，种鸡场＋养殖户＋屠宰加工企业＋零售商可视为一体化模式下种鸡场、养殖户、屠宰加工企业与零售商四者合作的共同利润。

1. 价格低谷期 Shapley 值法的计算分析

2017 年 3 月，在非合作状态下，各环节利润可视为传统模式下各环节的利润，种鸡场、养殖户、屠宰加工企业和零售商这些环节之间的利润分别为 0.47 元/只、−0.02 元/只、1.99 元/只、2.04 元/只。在共同合作状态下，按照不同流通模式分别进行合作。在 $n=4$ 合作状态下的利润分配模型中，将调研数据直接带入 Shapley 值计算公式，可以得出以下结果。肉鸡产业链中种鸡场的利益分配模型见表 6-12。

表 6-12　肉鸡产业链中种鸡场的利益分配模型

分配模型	种鸡场	种鸡场＋养殖户	种鸡场＋加工企业	种鸡场＋零售商
$v(s)$	0.47	2.64	2.46	2.51
$v(s/i)$	0.00	1.54	1.99	2.04
$v(s)-v(s/i)$	0.47	1.10	0.47	0.47
$|s|$	1	2	2	2
$w(|s|)$	1/4	1/12	1/12	1/12
$w(|s|)[v(s)-v(s/i)]$	0.12	0.09	0.04	0.04

分配模型	种鸡场＋养殖户＋加工企业	种鸡场＋养殖户＋零售商	种鸡场＋加工企业＋零售商	种鸡场＋养殖户＋加工企业＋零售商
$v(s)$	4.30	4.91	4.50	8.22
$v(s/i)$	3.20	3.81	4.03	6.80
$v(s)-v(s/i)$	1.10	1.10	0.47	1.42
$|s|$	3	3	3	4
$w(|s|)$	1/12	1/12	1/12	1/4
$w(|s|)[v(s)-v(s/i)]$	0.09	0.09	0.04	0.36

可以得出，种鸡场利益 $F_1=0.12+0.09+0.04+0.04+0.09+0.09+0.04+0.36=0.86$（元）

肉鸡产业链中养殖户的利益分配模型见表 6-13。

表 6-13　肉鸡产业链中养殖户的利益分配模型

分配模型	养殖户	养殖户＋种鸡场	养殖户＋加工企业	养殖户＋零售商
$v(s)$	-0.02	2.64	3.20	2.02
$v(s/i)$	0.00	1.10	1.66	2.04
$v(s)-v(s/i)$	-0.02	1.54	1.54	-0.02
$|s|$	1	2	2	2
$w(|s|)$	1/4	1/12	1/12	1/12
$w(|s|)[v(s)-v(s/i)]$	-0.01	0.13	0.13	-0.01

（续）

分配模型	养殖户＋种鸡场＋加工企业	养殖户＋种鸡场＋零售商	养殖户＋加工企业＋零售商	种鸡场＋养殖户＋加工企业＋零售商
$v(s)$	4.30	4.91	5.47	8.22
$v(s/i)$	2.76	3.37	3.93	6.20
$v(s)-v(s/i)$	1.54	1.54	1.54	2.02
$|s|$	3	3	3	4
$w(|s|)$	1/12	1/12	1/12	1/4
$w(|s|)[v(s)-v(s/i)]$	0.13	0.13	0.13	0.51

可得出，养殖户利益 $F_2=-0.01+0.13+0.13+（-0.01）+0.13+0.13+0.13+0.51=1.14$（元）

肉鸡产业链中屠宰加工企业的利益分配模型见表 6-14。

表 6-14 肉鸡产业链中屠宰加工企业的利益分配模型

分配模型	加工企业	种鸡场＋加工企业	养殖户＋加工企业	加工企业＋零售商
$v(s)$	1.99	2.46	3.20	3.93
$v(s/i)$	0.00	0.47	1.54	2.27
$v(s)-v(s/i)$	1.99	1.99	1.66	1.66
$|s|$	1	2	2	2
$w(|s|)$	1/4	1/12	1/12	1/12
$w(|s|)[v(s)-v(s/i)]$	0.50	0.17	0.14	0.14

分配模型	种鸡场＋养殖户＋加工企业	种鸡场＋加工企业＋零售商	养殖户＋加工企业＋零售商	种鸡场＋养殖户＋加工企业＋零售商
$v(s)$	4.30	4.50	5.47	8.22
$v(s/i)$	2.54	2.51	3.81	6.01
$v(s)-v(s/i)$	1.66	1.99	1.66	2.21
$|s|$	3	3	3	4
$w(|s|)$	1/12	1/12	1/12	1/4
$w(|s|)[v(s)-v(s/i)]$	0.14	0.17	0.14	0.55

可得出，加工企业利益 $F_3=0.50+0.17+0.14+0.14+0.14+0.17+0.14+0.55=1.93$（元）

肉鸡产业链中零售商的利益分配模型见表 6-15。

表 6 - 15　肉鸡产业链中零售商的利益分配模型

分配模型	零售商	种鸡场＋零售商	养殖户＋零售商	加工企业＋零售商
$v(s)$	2.04	2.51	2.02	3.93
$v(s/i)$	0.00	0.47	-0.02	1.66
$v(s)-v(s/i)$	2.04	2.04	2.04	2.27
$\lvert s \rvert$	1	2	2	2
$w(\lvert s \rvert)$	1/4	1/12	1/12	1/12
$w(\lvert s \rvert)[v(s)-v(s/i)]$	0.51	0.17	0.17	0.19

分配模型	种鸡场＋养殖户＋零售商	养殖户＋加工企业＋零售商	种鸡场＋加工企业＋零售商	种鸡场＋养殖户＋加工企业＋零售商
$v(s)$	4.91	4.50	5.47	8.22
$v(s/i)$	2.64	2.46	3.20	5.65
$v(s)-v(s/i)$	2.27	2.04	2.27	2.57
$\lvert s \rvert$	3	3	3	4
$w(\lvert s \rvert)$	1/12	1/12	1/12	1/4
$w(\lvert s \rvert)[v(s)-v(s/i)]$	0.19	0.17	0.19	0.64

可得出，零售商利益 $F_4 = 0.51 + 0.17 + 0.17 + 0.19 + 0.19 + 0.17 + 0.19 + 0.64 = 2.23$（元）

合作后，种鸡场、养殖户、屠宰加工企业和零售商环节分别获得的利益为 0.86 元/只、1.14 元/只、1.93 元/只、2.23 元/只，除屠宰加工环节外，均比不合作状态有所提高。其中，种鸡孵化环节、屠宰加工环节与零售环节分别增长 0.39 元、1.16 元、0.19 元。利润分配比例由 10.49：（-0.45）：44.42：45.54 调整为 13.96：18.51：31.33：36.20。综合以上分析数据，在价格低谷期，肉鸡产业链现有分配方式与 Shapley 值法分配结果见表 6 - 16。

表 6 - 16　不同分配方式下各利益主体收益情况（价格低谷期，单位：元/只）

分配方式	种鸡场	养殖户	屠宰加工企业	零售商	产业链增值
现有分配方式	0.47	-0.02	1.99	2.04	4.48
Shapley 值法	0.86	1.14	1.93	2.23	6.16

价格低谷期肉鸡产业链各主体合作前后利益分配结果比较见图 6 - 11。

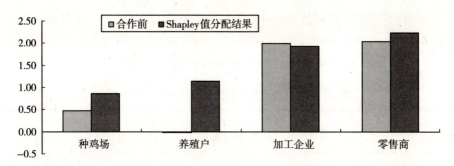

图 6-11　价格低谷期肉鸡产业链各主体合作前后利益分配结果比较

2. 价格高峰期 Shapley 值法的计算分析

2018 年 3 月，在非合作状态下，各环节利润可视为传统模式下各环节的利润，种鸡场、养殖户、屠宰加工企业和零售商环节的利润分别为 1.39 元/只、3.29 元/只、2.16 元/只、2.92 元/只。在合作状态下，按照不同流通模式分别进行合作。在 $n=4$ 合作状态下的利润分配模型中，将调研数据直接带入 Shapley 值计算公式，可以得出以下结果。

肉鸡产业链中种鸡场的利益分配模型见表 6-17。

表 6-17　肉鸡产业链中种鸡场的利益分配模型

分配模型	种鸡场	种鸡场＋养殖户	种鸡场＋加工企业	种鸡场＋零售商
$v(s)$	1.39	4.54	3.55	4.31
$v(s/i)$	0.00	1.99	2.16	2.92
$v(s)-v(s/i)$	1.39	2.55	1.39	1.39
$|s|$	1	2	2	2
$w(|s|)$	1/4	1/12	1/12	1/12
$w(|s|)[v(s)-v(s/i)]$	0.35	0.21	0.12	0.12

分配模型	种鸡场＋养殖户＋加工企业	种鸡场＋养殖户＋零售商	种鸡场＋加工企业＋零售商	种鸡场＋养殖户＋加工企业＋零售商
$v(s)$	6.61	7.70	6.47	12.62
$v(s/i)$	4.06	5.15	5.08	11.22
$v(s)-v(s/i)$	2.55	2.55	1.39	1.40
$|s|$	3	3	3	4
$w(|s|)$	1/12	1/12	1/12	1/4
$w(|s|)[v(s)-v(s/i)]$	0.21	0.21	0.12	0.35

可得出，种鸡场利益 $F_1 = 0.35 + 0.21 + 0.12 + 0.12 + 0.21 + 0.21 + 0.12 + 0.35 = 1.68$（元）

肉鸡产业链中养殖户的利益分配模型见表6-18。

表6-18 肉鸡产业链中养殖户的利益分配模型

分配模型	养殖户	养殖户+ 种鸡场	养殖户+ 加工企业	养殖户+ 零售商
$v(s)$	3.29	4.54	4.06	6.21
$v(s/i)$	0.00	2.55	2.07	2.92
$v(s)-v(s/i)$	3.29	1.99	1.99	3.29
$\|s\|$	1	2	2	2
$w(\|s\|)$	1/4	1/12	1/12	1/12
$w(\|s\|)[v(s)-v(s/i)]$	0.82	0.17	0.17	0.27

分配模型	养殖户+种鸡场+ 加工企业	养殖户+种鸡场+ 零售商	养殖户+加工企 业+零售商	种鸡场+养殖户+ 加工企业+零售商
$v(s)$	6.61	7.70	7.22	12.62
$v(s/i)$	4.62	5.71	5.23	9.04
$v(s)-v(s/i)$	1.99	1.99	1.99	3.58
$\|s\|$	3	3	3	4
$w(\|s\|)$	1/12	1/12	1/12	1/4
$w(\|s\|)[v(s)-v(s/i)]$	0.17	0.17	0.17	0.90

可得出，养殖户利益 $F_2 = 0.82 + 0.17 + 0.17 + 0.27 + 0.17 + 0.17 + 0.17 + 0.90 = 2.84$（元）

肉鸡产业链中屠宰加工企业的利益分配模型见表6-19。

表6-19 肉鸡产业链中屠宰加工企业的利益分配模型

分配模型	加工企业	种鸡场+ 加工企业	养殖户+ 加工企业	加工企业+ 零售商
$v(s)$	2.16	3.55	4.06	5.23
$v(s/i)$	0.00	1.39	1.99	3.16
$v(s)-v(s/i)$	2.16	2.16	2.07	2.07
$\|s\|$	1	2	2	2
$w(\|s\|)$	1/4	1/12	1/12	1/12
$w(\|s\|)[v(s)-v(s/i)]$	0.54	0.18	0.17	0.17

（续）

分配模型	种鸡场＋养殖户＋加工企业	种鸡场＋加工企业＋零售商	养殖户＋加工企业＋零售商	种鸡场＋养殖户＋加工企业＋零售商
$v(s)$	5.23	6.47	7.22	12.62
$v(s/i)$	3.16	4.31	5.15	8.89
$v(s)-v(s/i)$	2.07	2.16	2.07	3.73
$|s|$	3	3	3	4
$w(|s|)$	1/12	1/12	1/12	1/4
$w(|s|)[v(s)-v(s/i)]$	0.17	0.18	0.17	0.93

可得出，加工企业利益 F_3＝0.54＋0.18＋0.17＋0.17＋0.17＋0.18＋0.17＋0.93＝2.51（元）

肉鸡产业链中零售商的利益分配模型见表 6-20。

表 6-20　肉鸡产业链中零售商的利益分配模型

分配模型	零售商	种鸡场＋零售商	养殖户＋零售商	加工企业＋零售商
$v(s)$	2.92	4.31	6.21	5.23
$v(s/i)$	0.00	1.39	3.29	2.07
$v(s)-v(s/i)$	2.92	2.92	2.92	3.16
$|s|$	1	2	2	2
$w(|s|)$	1/4	1/12	1/12	1/12
$w(|s|)[v(s)-v(s/i)]$	0.73	0.24	0.24	0.26

分配模型	种鸡场＋养殖户＋零售商	养殖户＋加工企业＋零售商	种鸡场＋加工企业＋零售商	种鸡场＋养殖户＋加工企业＋零售商
$v(s)$	7.70	7.63	7.22	12.62
$v(s/i)$	4.54	4.71	4.06	8.71
$v(s)-v(s/i)$	3.16	2.92	3.16	3.91
$|s|$	3	3	3	4
$w(|s|)$	1/12	1/12	1/12	1/4
$w(|s|)[v(s)-v(s/i)]$	0.26	0.24	0.26	0.98

可以得出，零售商利益 F_4＝0.73＋0.24＋0.24＋0.26＋0.26＋0.24＋0.26＋0.98＝3.21（元）

合作后，种鸡场、养殖户、屠宰加工企业和零售商环节分别获得的利益为 1.68 元/只、2.84 元/只、2.51 元/只、3.21 元/只，除养殖环节外，均比不合作状态有所提高。其中，种鸡孵化环节、屠宰加工环节与零售环节分别增长 0.29 元、0.35 元、9.93 元。从增长幅度来看，种鸡孵化环节增长最大，为 20.86%；其次为屠宰加工环节，为 16.20%；第三是零售环节，增长 9.93%。利润分配比例由 14.24：33.71：22.13：29.92 调整为 16.41：27.73：24.51：31.35。价格高峰期肉鸡产业链 Shapley 值法各主体所获利益所占比重见图 6-12。

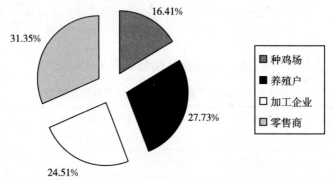

图 6-12 价格高峰期肉鸡产业链 Shapley 值法各主体所获利益所占比重

综合以上分析数据，在价格高峰期，肉鸡产业链现有分配方式与 Shapley 值法分配结果见表 6-21。

表 6-21 不同分配方式下各利益主体收益情况（价格低谷期）

单位：元/只

分配方式	种鸡场	养殖户	屠宰加工企业	零售商	产业链增值
现有分配方式	1.39	3.29	2.16	2.92	9.76
Shapley 值法	1.68	2.84	3.21	3.21	10.94

从表 6-21 可以看出，合作后，肉鸡产业链增值比合作前高 1.18 元，利润分配比例则由合作前的 14.24%、33.71%、22.13%、29.92% 调整为合作后的 16.41%、27.73%、24.51%、31.35%。种鸡场、屠宰加工企业和零售商的收益较合作前有所增长，养殖户的收益较合作前有所下降。这也是由价格高峰期全产业链各环节均获益，但养殖环节利润相对最

高的这一主要原因导致的。价格高峰期肉鸡产业链各主体合作前后利益分配结果比较见图 6-13。

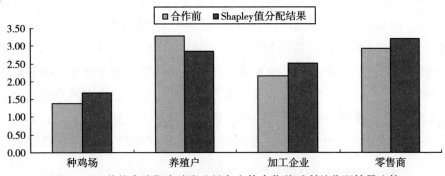

图 6-13　价格高峰期肉鸡产业链各主体合作前后利益分配结果比较

6.5　本章小结

通过对我国肉鸡不同流通模式下产业链的成本收益、利益分配格局的分析，可以得出如下结论：

1. 不同流通模式下利益分配格局存在一定的差别

在鸡肉价格高峰时期，肉鸡产业传统模式下雏鸡孵化、毛鸡养殖、屠宰加工、鸡肉销售各环节利润分配比例为为 14.39：33.02：22.36：30.23，而在"公司＋农户"模式下各环节利润分配比例为 16.74：23.44：25.27：34.55，在一体化公司模式下，各环节利润分配比例为 11.09：28.37：29.56：30.98。总的来看，屠宰加工、零售环节的利益在肉鸡产业链中利润分配占比相对较大，但是相对于不同的流通模式，利益分配格局存在一定的差异。

2. 畜禽价格周期影响肉鸡产业链利益分配格局

在价格低谷期，传统模式下因受禽流感影响，鸡肉市场销售减少，受市场价格影响，肉鸡养殖处于亏损状态，养殖户的亏损严重，整个肉鸡产业链只有养殖环节亏损，在此情况下，雏鸡孵化、毛鸡养殖、屠宰加工、鸡肉销售各环节利润分配比例为 10.49：（-0.45）：44.42：45.54。价格高峰期，肉鸡产业链各环节利益主体均获取一定的收益，在此情况下，传统模式下的养殖户养殖成本相对较低，禽流感后，市场行情较好，鸡肉市场需求较大，肉鸡养殖收益较大，养殖户收益最高，雏鸡孵化、毛鸡养殖、屠宰加工、鸡肉销售各环节利润分配比例为 14.39∶33.02∶22.36∶30.23。肉鸡产业链的利益分配格局由价格低谷期的 10.49∶(−0.45)∶44.42∶45.54 转为价格高峰期时的 14.39∶33.02∶22.36∶30.23。肉鸡产业链利益分配格局发生了较大的变化，养殖环节在整个产业链的利润分配由价格低谷期的第四位一跃成为第二位，这对研究整个肉鸡产业链利益分配格局有重要的指导意义，在今后研究畜禽产业链利益分配时，需要将畜禽价格周期纳入研究范围，不同时期，畜禽产业链利益分配格局差别较大。

3. 产业链各环节加强合作能够增加整个产业链总体收益

在价格低谷期，合作后肉鸡产业链增值比合作前高 1.68 元，利润分配比例由 10.49∶(−0.45)∶44.42∶45.54 调整为 13.96∶18.51∶31.33∶36.20。除屠宰加工环节外，均比不合作状态有所提高。在价格高峰期，合作后肉鸡产业链增值比合作前高 1.18 元，利润分配比例则由合作前的 14.24∶33.71∶22.13∶29.92 调整为合作后的 16.41∶27.73∶24.51∶31.35。除肉鸡养殖环节较合作前收益减少外，其他三个环节均较合作前有所增加。这也是为什么自 20 世纪 80 年代以来，各地大力推进肉鸡合作订单养殖，而散养户仍然一直存在的原因。在传统模式下，散养户在价格高峰期情况下，不合作能够比合作获取更多的收益；在价格低谷期，参与合作比不合作能够获取更多的收益。

第七章　研究结论及政策建议

基于上述章节对肉鸡生产效率、质量成本弹性及质量水平、产业链主体利益分配格局进行分析的基础上，提出了研究结论和政策建议。

7.1　研究结论

1. 我国肉鸡产业仍处于高成本、低效率发展阶段，亟须节本增效、转型升级

近年来，我国肉鸡产业生产量、总消费量均位居世界前列。在肉鸡产量、消费量持续增长的同时，我国肉鸡生产成本也呈现出持续增长的趋势，肉鸡养殖成本由 2000 年的平均 5.90 元/千克上涨至 2017 年的 9.88 元/千克，增长了 1.67 倍，生产成本中饲料费用由 2000 年的平均 3.85 元/千克上涨至 2017 年的 6.71 元，增长了 1.74 倍，人工成本由 2000 年的平均 0.23 元/千克上涨至 2017 年的 1.30 元/千克，增长了 5.65 倍。肉鸡养殖成本收益率由 2000 年的 13.18% 下降至 2017 年的 7.99%，下降了 5.19%。我国肉鸡生产效率、质量管控、技术管理水平仍与发达国家存在一定的差距，国际竞争力还不强。

2. 肉鸡平均综合技术效率、技术效率和规模效率仍有提升空间

肉鸡综合技术效率较高，但是仍未达到最优效率，存在一定的效率损失，但规模效率高于技术效率。从不同品种来看，黄羽肉鸡综合技术效率和技术效率均高于白羽肉鸡，而规模效率低于白羽肉鸡；从不同省份来看，各省综合技术效率差距明显，只有少数省份达到最优，规模效率高于技术效率。综合技术效率值达到 1 的只有福建、广西、海南和江苏等 4 个省份，其技术效率和规模效率都达到 1。肉鸡全要素生产率呈波动性，TFP 变动主要是由技术变化引起的。白羽肉鸡全要素生产略有下降，呈波动性且波动趋大，黄羽肉鸡全要素生产略有下降，且波动相对较小。白羽肉鸡和黄羽肉鸡 TFP 都呈现一定的波动性，部分年份变动趋势相同，部分年份变动趋势相反。

3. 肉鸡投入产出要素存在一定的冗余，调整生产成本有空间

从不同品种看，白羽肉鸡绝对投入量改进较多的是人工成本和饲料费用，相对投入量改进较多的是人工费用、燃料动力费、间接费用、医疗防疫费，而黄羽肉鸡所有投入要素冗余相对较小。从不同省份看，白羽肉鸡要素投入冗余差别较大；黄羽肉鸡中，冗余量较多的是仔畜进价、精饲料费用和人工成本。剔除投入冗余量后，2017 年我国白羽肉鸡成本利润率由总体亏损 17.58%提高至盈利 8.80%，黄羽肉鸡成本利润率由 26.24%提高至 42.87%。

4. 质量成本弹性在 0~1 之间，肉鸡质量提升水平有空间

2004—2017 年，我国肉鸡质量成本弹性平均值为 0.349，产量成本弹性为 0.994，说明要使肉鸡质量水平平均提高 1%，那么所付出的提高肉鸡的质量成本仅需要提高 0.349%，处于规模经济状态；肉鸡产量水平平均提高 1%，所需花费的生产成本需要提高 0.994%，也处于规模经济状态。这反映了在现有生产水平条件下，肉鸡质量和产量水平都还有一定的提升空间，肉鸡生产者愿意也有足够的动力去提高肉鸡质量水平。

5. 大规模肉鸡养殖的质量水平最高，中规模次之，小规模养殖的肉鸡质量水平明显低于中规模养殖和大规模养殖，这表明规模养殖大大提高了肉鸡质量，并且目前在我国大规模养殖具有最好的质量水平

大规模肉鸡质量水平相对较高，平均值达到 6.067，质量成本弹性为 0.049，产量成本弹性为 0.995。这说明，一体化企业在生产经营中，为了追求产品质量而加大了鸡舍厂房、疫病检疫设备等生产成本投入，相关基础设施建成后，并没有完全开足马力进行生产，生产的规模效应还可以继续发挥，提高肉鸡质量花费的生产成本相对较小。中规模肉鸡质量水平平均值为 4.203，处于中等水平，质量成本弹性为 0.862，产量成本弹性为 0.990。这说明，中规模生产企业已经完全满负荷工作，肉鸡质量水平平均提高 1%，那么所付出的成本平均需要提高 0.862%，而产量水平提高 1%，所付出的成本平均需要提高 0.990%，提高产品产量比提高质量需要花费更大的代价，企业更愿意提高产品质量水平。小规模质量水平平均值为 0.022，相对较低，质量成本弹性为 1.527，产量成本弹性为 1.014，说明要使肉鸡质量水平平均提高 1%，那么所付出的成本需要花费 1.527%，处于规模不经济状态，小规模生产者可能没有足够强的经济激励去提高肉鸡质量水平，而产量成本弹性小于质量成本弹性，说明相比于提高肉鸡产量而言，提高肉鸡质量需要花费更多的生产成本。权衡提高产出数量和提升质量水平，小规模养殖户可能更加倾向于通过扩大肉鸡产出数量以增加肉鸡养殖效益。

6. 从不同省份来看，肉鸡主产省质量水平相对一般省份要高一些

比较中可以发现广东、广西、福建等省份质量总体水平相对较高，这些地区规模化、标准化肉鸡生产已初具规模，加上当地政府高度重视肉鸡产业发展，专门制定了肉鸡产业发展规划，这对于推动肉鸡产业发展具有重要的促进作用。

7. 从不同品种来看，黄羽肉鸡质量较白羽肉鸡质量更高一些

究其原因，一方面与肉鸡养殖方式、养殖周期有一定的关系，黄羽肉鸡养殖天数一般在 84 天左右，而白羽肉鸡养殖天数仅需要 40 天左右，黄羽肉鸡在生产成本上花费的更高，肉鸡质量也相对会高一些；另一方面，也与黄羽肉鸡市场价值高有一定的关系，在体现肉鸡质量水平的同时，也体现出肉鸡的生产效益，这也是造成黄羽肉鸡质量高于白羽肉鸡质量的原因。

8. 产业链主体利益分配不均衡，主体联结利益优化有空间

在价格高峰期，肉鸡产业传统模式下雏鸡孵化、肉鸡养殖、屠宰加工、鸡肉销售各环节利润分配比例为 14.39∶33.02∶22.36∶30.23，而在"公司＋农户"模式下各环节利润分配比例为 16.74∶23.44∶25.27∶34.55，在一体化公司模式下，各环节利润分配比例为 11.09∶28.37∶29.56∶30.98。总的来看，屠宰加工、零售环节的利益在肉鸡产业链中利润分配占比相对较大，但是相对于不同的流通模式，利益分配格局存在一定的差异。

9. 畜禽价格周期影响肉鸡产业链利益分配格局

在价格低谷期，传统模式下因受禽流感影响，鸡肉市场销售减少，肉鸡养殖处于亏损状态，养殖户的亏损严重，整个肉鸡产业链只有养殖环节亏损，在此情况下，雏鸡孵化、毛鸡养殖、屠宰加工、鸡肉销售各环节利润分配比例为10.49：（－0.45）：44.42：45.54。价格高峰期，肉鸡产业链各环节利益主体均获取一定的收益，在此情况下，传统模式下的养殖户养殖成本相对较低，禽流感后，市场行情较好，鸡肉市场需求较大，肉鸡养殖收益较大，养殖户收益最高，雏鸡孵化、毛鸡养殖、屠宰加工、鸡肉销售各环节利润分配比例为14.39：33.02：22.36：30.23。肉鸡产业链的利益分配格局由价格低谷期的10.49：（－0.45）：44.42：45.54转为价格高峰期的14.39：33.02：22.36：30.23。肉鸡产业链利益分配格局发生了较大的变化，养殖环节在整个产业链的利润分配由价格低谷期的第四位一跃成为第二位，这对研究整个肉鸡产业链利益分配格局有重要的指导意义，在今后研究畜禽产业链利益分配时，需要将畜禽价格周期纳入研究范围，不同时期，畜禽产业链利益分配格局差别较大。

10. 产业链各环节加强合作能够增加整个产业链总体收益

在价格低谷期，合作后肉鸡产业链增值比合作前高1.68元，利润分配比例由10.49：（－0.45）：44.42：45.54调整为13.96：18.51：31.33：36.20。除屠宰加工环节外，均比不合作状态有所提高。在价格高峰期，合作后肉鸡产业链增值比合作前高1.18元，利润分配比例则由合作前的14.24：33.71：22.13：29.92调整为合作后的16.41：27.73：24.51：31.35。在传统模式下，散养户在价格高峰期情况下，不合作能够比合作获取更多的收益；在价格低谷期，参与合作比不合作能够获取更多的收益。

7.2 政策建议

1. 推进肉鸡标准化规模养殖向纵深发展

按照农业供给侧结构性改革推动肉鸡产业健康发展的方针，把肉鸡标准化规模养殖建设规模纳入畜牧业发展规划统筹考虑，推进肉鸡标准化生产体系建设，对符合标准化、规模化、产业化生产条件的养殖场，在政策、资金等方面给予重点支持，充分发挥规模化养殖在先进技术推广、市场营销和成本控制等方面的优势，提高基础设施、生产设施设备及人力投入的利用率，进一步降低肉鸡生产成本。同时，要更加注重肉鸡生产标准化、规模化的质量效益，积极引导肉鸡生产企业由注重肉鸡产量收益向注重单位产出水平转变、由粗放式盲目规模化扩张向集约式合理化布局转变，切实抓好企业经营管理、先进饲养技术和现代化设施设备的推广应用，进一步增强资源利用效率意识，优化肉鸡生产资源配置，持续提升资源利用率、综合生产力，加快形成肉鸡标准化规模养殖发展新格局。

2. 加强科研投入和从业者教育培训

鼓励肉鸡产业技术体系、农业高等院校、科研机构和创新型企业立足本地消费市场，加快开展标准化规模养殖、重大动物疫病防控等核心技术联合研发攻关，继续推进基层肉鸡产业技术推广体系建设，推广先进适用技术。继续推进基层肉鸡产业技术推广体系建设，全面提升基层技术推广骨干的服务能力；鼓励科研工作者深入场区开展肉鸡先进技术推广服务，推广先进适用技术；结合新型职业农民培育工程，加大对养殖户日常肉鸡饲养技术、疫情应急管理等教育培训，切实提高广大养殖户的饲养技术和管理水平，以科学的饲养技术提高饲料转化率、以先进的经营模式提高企业经营水平来降低饲料费用、企业管理费用，从而提高我国肉鸡产业核心竞争力。

3. 注重产业链延伸和区域品牌培育

"链条长一寸，效益增一尺"，相关部门要进一步加强宣传引导，积极推广肉鸡产业订单化及其雏鸡孵化、肉鸡养殖、屠宰加工、制品加工、冷链物流、零售各环节的产业化生产模式，降低全产业链成本。开展肉鸡品牌提升行动，加快培育一批叫得响、过得硬、有影响力的肉鸡区域公用品牌，积极引导龙头企业、合作社等组建成行业协会或者联盟，可以由多个企业或公司共同享用同一品牌，从而进一步降低企业生产和运营成本；倡导企业更加广泛地参与国际市场竞争，增强我国肉鸡产业的国际话语权，不断提高肉鸡产业生产效率和国际竞争力。同时，建立完善肉鸡产品市场风险管理体系、肉鸡全产业链信息网络和发布机制，健全肉鸡产业监测预警体系，及时发布准确可靠的市场信息，以引导肉鸡产业链各环节主体生产行为，进一步提高抵御市场风险的能力。

4. 推进兽药减量增效和饲料节本提质

饲料、兽药与肉鸡产业息息相关。贯彻落实《国家质量兴农战略规划（2018—2022年）》，制定出台肉鸡产业质量提升行动，从大中型企业入手，给予一定的经济激励或物质补偿，推动兽用抗菌药使用减量化行动试点，扩大试点企业和试点地区，对试点企业给予检测设备、兽药室建设等硬件方面支持和科学合理用药规章制度、兽药投入品供应商档案管理等软件方面的教育引导，组织新闻媒体开展宣传报道，并给予表彰奖励，持续跟踪试点企业生产收益和肉鸡产品质量情况，做好分析研究总结。同时，要充分发挥市场在资源配置中的决定性作用，积极推进饲料粮收购国际化、市场化进程，降低肉鸡饲料生产成本；以卫生指标、禁用物质为重点，加强肉鸡饲料及饲料添加剂生产质量安全监管，强化日常监督检查，采取飞行检查、定期抽查等方式，规范企业生产。

5. 建立更加紧密的公司与养殖户利益联结机制

政府相关部门要加强对肉鸡产业链各环节主体的监管与服务，特别是要更加关注养殖户权益，推动公司与养殖户建立真正意义上的内部合同或契约，鼓励公司采取类似"定而不定、随行就市"的定价、优质优价及奖励机制优于按照经验预先在合同中设定收购价格的方法，为农户提供统一的鸡苗、兽药、饲料及技术服务等的同时，按照市场最低价收购毛鸡，并提供必要的养殖资金支持，切实调动养殖户精心饲养的积极性、主动性，实现风险共担、利益共享的利益联结机制。

6. 加强行业协会和专业合作社建设

大力扶持成立由养殖户代表、技术人员组成的肉鸡养殖专业合作组织、合作社或养殖协会，积极督促监督公司按合约开展鸡苗、饲料供应，切实保障养殖户正当合理收益；积极发挥行业协会、专业合作社对养殖户的批评教育、道德约束作用，通过开展"诚信养殖户"评选、发放奖金和建立养殖户黑名单等方式，对履行合同义务较好的养殖户进行表彰奖励，对随意毁约的养殖户进行曝光通报，引导养殖户严格按照合同开展养殖，努力规避养殖户市场投机行为。同时，引导肉鸡养殖向主产省、优势区集聚，鼓励肉鸡主产县、主产乡做大做强肉鸡产业，落实好养殖场用水、用电、用地优惠政策，统筹安排专项经费用于支持新扩建规模养殖场、现有规模养殖场的设备更新、技术改造以及种养结合的奖励，积极引导各类金融机构增加对肉鸡生产、加工、流通的贷款规模和授信额度，探索开发适应肉鸡养殖户的贷款种类，切实解决家庭农场、养殖大户融资难问题。

参考文献

[1] 白秀广，霍学喜．中国苹果全要素生产率及影响因素研究 [J]．北方园艺，2013 (21)：195-200.

[2] 陈志翔．农产品质量安全认知及影响因素分析 [J]．农民致富之友，2016 (16)：39.

[3] 崔姹，王明利，石自忠．我国肉羊产业链价格传导研究——基于 PVAR 模型的分析 [J]．价格理论与实践，2016 (4)：73-76.

[4] 曹志宏，梁流涛，郝晋珉．基于超效率的黄淮海粮食生产效率分析 [J]．农业系统科学与综合研究，2010，26 (1)：6-11.

[5] 陈凤霞，吕杰．质量安全稻米和常规稻米生产的投入结构与成本分析的比较——基于黑龙江省稻米主产区的实证分析 [J]．学术交流，2010 (6)：99-102.

[6] 陈凤霞，吕杰．农户采纳稻米质量安全技术影响因素的经济学分析——基于黑龙江省稻米主产区 325 户稻农的实证分析 [J]．农业技术经济，2010 (2)：84-89.

[7] 陈庆根，廖西元，孙越华．水稻生产投入与产出经济效益比较分析 [J]．农业技术经济，2000 (5)：32-36.

[8] 曹钰．基于种植户视角的延长县苹果生产投入产出研究 [D]．呼和浩特：内蒙古农业大学，2014.

[9] 蔡少杰，周应恒．基于 Nerlove 模型的中国鸡蛋供给反应实证分析 [J]．统计与信息论坛，2014，29 (7)：54-58.

[10] 陈书章，徐峥，任晓静，等．我国小麦主产区综合技术效率波动及要素投入优化分析 [J]．农业技术经济，2012 (12)：39-50.

[11] 陈琼．中国肉鸡生产的成本收益与效率研究 [D]．北京：中国农业科学院，2013.

[12] 陈琼．城乡居民肉类消费研究 [D]．北京：中国农业科学院，2010.

[13] 陈琼，李瑾，王济民．基于 SFA 的中国肉鸡养殖业成本效率分析 [J]．农业技术经济，2014 (7)：68-78.

[14] 崔彬，潘亚东，钱斌．家禽加工企业质量安全控制行为影响因素的实证分析——基于江苏省 112 家企业的数据 [J]．上海经济研究，2011 (8)：83-89.

[15] 邓磊，张希玲，赵婧洁，等．鲜食葡萄产业链利润分配研究——基于河北昌黎的案例分析 [J]．农业现代化研究，2016，37 (6)：1128-1134.

[16] 邓磊. 鲜食葡萄供应链利益协调研究 [D]. 北京：中国农业大学，2016.

[17] 杜凤莲，马慧峰，付红全. 中国不同模式原料奶生产技术效率分析 [J]. 农业现代化研究，2013，34 (4)：486－490.

[18] 丁文斌，徐通，王雅鹏. 粮食主产省粮食生产投入要素效率 DEA 分析——基于 1990—2004 年湖北省投入要素的实证分析 [J]. 西北农林科技大学学报（社会科学版），2007 (4)：56－60.

[19] 冯继红. 金融危机背景下农民工就业及外出务工意愿分析 [J]. 农业经济问题，2010，31 (1)：35－41，110－111.

[20] 冯继红. 河南省粮食综合生产能力建设的制约因素与对策 [J]. 陕西农业科学，2009，55 (4)：174－176.

[21] 冯继红. 农村劳动力进城务工对农户家庭收入影响的实证分析——基于河南省的农户家庭模型分析 [J]. 农业技术经济，2007 (6)：91－95.

[22] 冯继红. 小麦供需均衡状况分析 [D]. 郑州：河南农业大学，2005.

[23] 樊千语. 果蔬农产品质量安全评价研究 [D]. 哈尔滨：哈尔滨商业大学，2015.

[24] 樊宏霞，薛强，余雪杰. 基于 DEA-Malmquist 的肉羊散养方式全要素生产率研究 [J]. 黑龙江畜牧兽医，2014 (4)：1－3.

[25] 付争艳，王艺桥，王瑞彬，等. 河南省农业生产效率的 DEA 分析 [J]. 河南农业大学学报，2014，48 (6)：790－794.

[26] 顾海，孟令杰. 中国农业 TFP 的增长及其构成 [J]. 数量经济技术经济研究，2002 (10)：15－18.

[27] 顾海，王艾敏. 基于 Malmquist 指数的河南苹果生产效率评价 [J]. 农业技术经济，2007 (2)：99－104.

[28] 郭亚军，姚顺波，霍学喜. 中国苹果主产区全要素生产效率研究——基于 HMB 指数的分析 [J]. 农业技术经济，2011 (10)：78－86.

[29] 郭俊芳，武拉平. 世界鸡肉主要出口国的竞争优势及发展潜力 [J]. 世界农业，2013 (11)：16－19.

[30] 葛静芳，李谷成，尹朝静. 我国农业全要素生产率核算与地区差距分解——基于 Fre-Primont 指数的分析 [J]. 中国农业大学学报，2016，21 (11)：117－126.

[31] 高齐圣，路兰. 农产品质量安全影响因素分析——基于 DEMATEL 和 QFD 方法 [J]. 复杂系统与复杂性科学，2013，10 (1)：89－94.

[32] 高海军. 我国黄羽肉鸡生产状况及发展趋势 [A]. 第三届（2012）中国黄羽肉鸡行业发展大会会刊 [C]. 2012：6.

[33] 宫桂芬. 我国黄羽肉鸡产业发展现状及未来发展趋势 [A]. 中国畜牧业协会. 第四届（2014）中国黄羽肉鸡行业发展大会会刊 [C]. 2014：9.

[34] 黄泽颖，王济民. 中国肉鸡产业发展形势与当前困境 [J]. 中国畜牧杂志，2014，50（24）：18-22.

[35] 黄利军，胡同泽. 基于数据包络法（DEA）的中国西部地区农业生产效率分析 [J]. 农业现代化研究，2006（6）：420-423.

[36] 黄卉. 合作博弈框架下的信托利益分配机制研究 [D]. 北京：北京邮电大学，2012.

[37] 黄勇. 基于Shapley值法的猪肉供应链利益分配机制研究 [J]. 农业技术经济，2017（2）：122-128.

[38] 黄勇. 基于安全与效率的武汉市水产品供应链结构优化研究 [D]. 武汉：华中农业大学，2012.

[39] 黄利军，胡同泽. 我国西部地区农业生产效率DEA分析 [J]. 农业与技术，2006（3）：1-5.

[40] 胡向东，王明利. 美国生猪生产和价格波动成因与启示 [J]. 农业经济问题，2013，34（9）：98-109，112.

[41] 胡向东，李娜，何忠伟. 中国萝卜产业发展现状与前景分析 [J]. 农业展望，2012，8（10）：35-37，40.

[42] 胡定寰，陈志钢，孙庆珍，等. 合同生产模式对农户收入和食品安全的影响——以山东省苹果产业为例 [J]. 中国农村经济，2006（11）：17-24，41.

[43] 韩文成. 优质猪肉供应链核心企业质量安全控制能力研究 [D]. 泰安：山东农业大学，2011.

[44] 韩松，王稳. 几种技术效率测量方法的比较研究 [J]. 中国软科学，2004（4）：147-151.

[45] 韩玥，刘鹏凌. 我国大规模肉鸡养殖生产效率分析——基于三阶段DEA模型 [J]. 云南农业大学学报（社会科学），2017，11（6）：1-6.

[46] 韩文成，孙世民，李娟. 优质猪肉供应链核心企业质量安全控制能力评价指标体系研究 [J]. 物流工程与管理，2010，32（9）：92-94.

[47] 韩文成，孙世民，李娟. 优质猪肉供应链核心企业质量安全控制能力评价指标体系研究 [J]. 物流工程与管理，2010，32（9）：92-94.

[48] 韩文成. 优质猪肉供应链核心企业质量安全控制能力研究 [D]. 泰安：山东农业大学，2011.

[49] 华烨. 基于贸易品质量异质性的中国产业国际竞争力研究 [D]. 南京：东南大学，2017.

[50] 贺志亮，刘成玉. 我国农业生产效率及效率影响因素研究——基于三阶段DEA模型的实证分析. 农村经济，2015（6）：48-51.

[51] 季晨，杨兴龙，王凯．澳大利亚猪肉产业链管理的经验及启示——基于质量安全的视角 [J]．世界农业，2008 (4)：55-58.

[52] 贾钰玲，吕新业，辛翔飞，等．广西黄羽肉鸡养殖产业发展情况调研报告 [J]．农业经济，2015 (6)：12-14.

[53] 季柯辛．优质猪肉供应链核心企业的质量安全行为研究 [D]．泰安：山东农业大学，2013.

[54] 孔祥智，钟真．奶站质量控制的经济学解释 [J]．农业经济问题，2009，30 (9)：24-29.

[55] 贾筱文，姚顺波．我国苹果主产区效率特征及其影响因素分析 [J]．江西农业大学学报（社会科学版），2011，10 (1)：79-82，88.

[56] 李道和，童荣兵，朱朝晖．基于DEA-Tobit 茶叶企业经营效率影响因素分析 [J]．蚕桑茶叶通讯，2017 (2)：20-23.

[57] 李道和，陈春香．基于DEA 的国内林业上市公司经营绩效分析 [J]．林业经济，2012 (11)：105-108.

[58] 李道和，池泽新，刘滨．基于DEA 的中国茶叶产业全要素生产率分析 [J]．农业技术经济，2008 (5)：52-56.

[59] 李道和．中国茶叶产业发展的经济学分析 [D]．北京：北京林业大学，2008.

[60] 李道和，高岚．中国茶叶产业国际竞争力实证分析 [J]．林业经济，2007 (7)：23-26.

[61] 李道和，郭锦墉，朱述斌．中国柑橘产业的全要素生产率、技术进步与效率变化 [J]．江西农业大学学报（社会科学版），2010，9 (1)：43-47.

[62] 李翠霞，邹晓伟．基于DEA 的黑龙江省乳制品加工业生产效率实证研究 [J]．农业技术经济，2010 (6)：106-111.

[63] 李幸子．基于DEA 模型的粮食生产投入优化及效果估算 [D]．郑州：河南农业大学，2016.

[64] 李幸子，马恒运．粮食大省要素投入结构调整及经济效果估价——以河南省为例 [J]．农业技术经济，2016 (1)：82-89.

[65] 李谷成，范丽霞，成刚，等．农业全要素生产率增长：基于一种新的窗式DEA 生产率指数的再估计 [J]．农业技术经济，2013 (5)：4-17.

[66] 李慧燕，李莳莳，张淑荣．基于政府视角的天津市地理标志农产品品牌建设研究 [J]．天津农学院学报，2016，23 (4)：58-64.

[67] 李红，常春华．奶牛养殖户质量安全行为的影响因素分析——基于内蒙古的调查 [J]．农业技术经济，2012 (10)：73-79.

[68] 李雪兰．四川省肉牛产业链利益分配实证研究 [D]．长春：吉林农业大学，2013.

[69] 李江帆．质量经济学理论的开拓性研究——郭克莎著《质量经济学概论》评介 [J]．经济研究，1992（7）：67-69，62.

[70] 李怀建，沈坤荣．出口产品质量的影响因素分析——基于跨国面板数据的检验 [J]．产业经济研究，2015（6）：62-72.

[71] 李夏，王静，霍学喜．苹果种植户投入—产出效率分析——基于陕西洛川 300 个苹果种植户调查数据的分析 [J]．华中农业大学学报（社会科学版），2010（3）：43-48.

[72] 李夏．苹果种植户投入—产出效率研究 [D]．杨凌：西北农林科技大学，2010.

[73] 李周，于法稳．西部地区农业生产效率的 DEA 分析 [J]．中国农村观察，2005（6）：2-10，81.

[74] 李学林．云南粮食生产效率及其影响因素研究 [D]．北京：中国农业大学，2017.

[75] 刘春芳，王济民．中国肉鸡产业发展历程及趋势 [J]．农业展望，2011，7（8）：36-40.

[76] 刘丹鹤．世界肉鸡产业发展模式及比较研究 [J]．世界农业，2008（4）：9-13.

[77] 刘俊杰，周应恒．我国小麦供给反应研究——基于小麦主产省的实证 [J]．农业技术经济，2011（12）：40-45.

[78] 刘大为，马文成，赵勃，等．DEA 方法在农业生产效率综合评价中的应用 [J]．农业与技术，2005（2）：157-161.

[79] 刘井建，梁冰．Malmquist 生产率指数评析结果——技术变动的新诠释 [J]．运筹与管理，2010，19（1）：170-175.

[80] 刘静，吴普特，王玉宝，等．基于数据包络分析的河套灌区农业生产效率评价 [J]．农业工程学报，2014，30（9）：110-118.

[81] 刘璨．金寨县样本农户效率与消除贫困分析——数据包络分析（DEA）方法 [J]．数量经济技术经济研究，2003（12）：102-106.

[82] 刘瑞峰，柴军，陈彤．农户有机食品生产质量控制行为意愿的实证分析——基于新疆伊吾县 60 户瓜农的调查 [J]．新疆农业大学学报，2009，32（5）：88-92.

[83] 刘璨，于法稳，任鸿昌，等．平原林业生态效率测算与分析——以江苏省淮安市为例 [J]．中国农村经济，2004（6）：47-53.

[84] 刘佳佳，李道和，谭昭辉．消费者茶叶购买意愿影响因素实证分析——基于江西省调查数据 [J]．农村经济与科技，2015，26（9）：98-101，236.

[85] 刘树坤，杨汭华．中国玉米生产的技术效率损失测算 [J]．甘肃农业大学学报，2005（3）：389-395.

[86] 刘青，周洁红，鄢贞．供应链视角下中国猪肉安全的风险甄别及政策启示——基于 1 624 个猪肉质量安全事件的实证分析 [J]．中国畜牧杂志，2016，52（2）：

60 - 65.

[87] 刘玉满，尹晓青，杜吟棠，等．猪肉供应链各环节的食品质量安全问题——基于山东省某市农村的调查报告 [J]．中国畜牧杂志，2007（2）：47 - 49.

[88] 刘铮，王波，周静，等．肉鸡养殖户质量安全控制行为机理与实证研究 [J]．农业经济，2017（3）：27 - 29.

[89] 刘功明，孙京新，徐幸莲，等．肉禽福利屠宰研究进展 [J]．中国家禽，2014，36（13）：45 - 49.

[90] 刘爱军，杨春艳，胡家香．鸡蛋价值链研究综述 [J]．江苏农业科学，2014，42（12）：508 - 510.

[91] 刘思宇，张明．蔬菜流通的成本构成与利润分配——基于长株潭城市群大白菜流通全过程的调查 [J]．消费经济，2013，29（1）：61 - 65.

[92] 刘彤．弹性概念的延伸——质量弹性 [J]．经济研究导刊，2011（29）：5 - 6.

[93] 刘彤．微观经济学理论对宏观问题的解释 [J]．经济研究导刊，2013（35）：6 - 7.

[94] 刘彤．我国家电供应链成本管理研究 [D]．哈尔滨：哈尔滨理工大学，2013.

[95] 刘秀梅，秦富．我国城乡居民动物性食物消费研究 [J]．农业技术经济，2005（3）：25 - 30.

[96] 刘璨．金寨县样本农户效率与消除贫困分析——数据包络分析（DEA）方法 [J]．数量经济技术经济研究，2003（12）：102 - 106.

[97] 刘万兆，王春平．基于供应链视角的猪肉质量安全研究 [J]．农业经济，2013（4）：119 - 121.

[98] 吕建兴，祁春节．基于引力模型的中国柑橘出口贸易影响因素研究 [J]．林业经济问题，2011，31（3）：252 - 257.

[99] 廖虎昌，董毅明．基于 DEA 和 Malmquist 指数的西部 12 省水资源利用效率研究 [J]．资源科学，2011，33（2）：273 - 279.

[100] 娄博杰．基于农产品质量安全的农户生产行为研究 [D]．北京：中国农业科学院，2015.

[101] 鲁涛，陆邦祥．一种新的 Malmquist 指数测算与分解方法 [J]．统计与决策，2012（23）：16 - 20.

[102] 马彦丽，胡月．基于 DEA 模型的中国奶牛养殖模式效率评价与产业发展思路 [J]．河北经贸大学学报，2018，39（1）：83 - 90.

[103] 马从国，陈文蔚，李亚洲，倪伟．模糊可拓层次分析法对猪肉供应链质量安全评价应用 [J]．食品工业科技，2012，33（18）：53 - 57，66.

[104] 马恒运，王济民，刘威，陈书章．我国原料奶生产 TFP 增长方式与效率改进——基于 SDF 与 Malmquist 方法的比较 [J]．农业技术经济，2011（8）：18 - 25.

[105] 米迎波，连国清．影响猪肉质量安全的因素与应对措施 [J]．中国畜牧兽医文摘，2012，28 (5)：27-28，118.

[106] 米建伟，梁勤，马骅．我国农业全要素生产率的变化及其与公共投资的关系——基于 1984—2002 年分省份面板数据的实证分析 [J]．农业技术经济，2009 (3)：4-16.

[107] 麻丽平．苹果产业价值链研究 [D]．杨凌：西北农林科技大学，2012.

[108] 孟枫平．联盟博弈在农业产业链合作问题中的应用 [J]．农业经济问题，2004 (5)：53-55.

[109] 孟子然．质量监管与监管质量 [D]．杭州：浙江大学，2016.

[110] 牛志凯，刘序，雷百战，等．广东省肉鸡产业存在问题及发展对策 [J]．广东畜牧兽医科技，2016，41 (6)：6-9，33.

[111] 聂赟彬，霍学喜．不同地区专业苹果种植户投入—产出效率分析 [J]．北方园艺，2016 (20)：207-210.

[112] 彭志洲．近年来我国农产品数量与质量需求的实证分析 [J]．科学技术与工程，2009，9 (1)：196-199，224.

[113] 庞英，李树超，周蕾，等．中国粮食生产资源配置效率及其区域差异——基于动态 Malmquist 指数的经验 [J]．经济地理，2008 (1)：113-117，162.

[114] 秦青．基于 DEA 交叉评价的河南农业和粮食生产效率研究 [J]．湖北农业科学，2011，50 (16)：3443—3447.

[115] 钱贵霞，张一品，吴迪．液态奶产业链利润分配研究——以内蒙古呼和浩特为例 [J]．农业经济问题，2013，34 (7)：41-47，111.

[116] 孙世民，彭玉珊．论优质猪肉供应链中养殖与屠宰加工环节的质量安全行为协调 [J]．农业经济问题，2012，33 (3)：77-83，112.

[117] 孙世民，李娟，张健如．优质猪肉供应链中养猪场户的质量安全认知与行为分析——基于 9 省份 653 家养猪场户的问卷调查 [J]．农业经济问题，2011，32 (3)：76-81，111.

[118] 孙世民．基于质量安全的优质猪肉供应链建设与管理探讨 [J]．农业经济问题，2006 (4)：70-74，80.

[119] 孙世民，张媛媛，张健如．基于 Logit-ISM 模型的养猪场（户）良好质量安全行为实施意愿影响因素的实证分析 [J]．中国农村经济，2012 (10)：24-36.

[120] 孙世民，沙鸣，韩文成．供应链环境下的猪肉质量链探讨 [J]．中国畜牧杂志，2009，45 (2)：61-64.

[121] 孙世民．大城市高档猪肉有效供给的产业组织模式和机理研究 [D]．北京：中国农业大学，2003.

[122] 沈银书，吴敬学．美国生猪规模养殖的发展趋势及与中国的比较分析 [J]．世界农业，2012 (4)：30－31.

[123] 史恒通，赵敏娟，霍学喜．农户施肥投入结构及其影响因素分析——基于 7 个苹果主产省的农户调查数据 [J]．华中农业大学学报（社会科学版），2013 (2)：1－7.

[124] 孙京新，徐幸莲，黄明，王秋敏．禽产品加工、安全控制现状与趋势 [J]．家禽科学，2016 (5)：19－20.

[125] 孙京新，周光宏，徐幸莲．肉制品感观质量调查与评价 [J]．肉类研究，2001 (2)：43－45, 28.

[126] 孙林，孟令杰．中国棉花生产效率变动：1990—2001——基于 DEA 的实证分析 [J]．数量经济技术经济研究，2004 (2)：23－27.

[127] 石会娟，宗义湘，赵邦宏．河北省小麦产量的波动性分析 [J]．乡镇经济，2008 (11)：93－97.

[128] 石会娟，王俊芹，王余丁．基于 DEA 的河北省苹果产业生产效率的实证研究 [J]．农业技术经济，2011 (10)：86－91.

[129] 司伟，王济民．中国大豆生产全要素生产率及其变化 [J]．中国农村经济，2011 (10)：16－25.

[130] 施炳展，邵文波．中国企业出口产品质量测算及其决定因素——培育出口竞争新优势的微观视角 [J]．管理世界，2014 (9)：90－106.

[131] 唐步龙．产业链框架下江苏杨树产业纵向协作关系研究 [D]．南京：南京农业大学，2007.

[132] 文杰，郑麦青，赵景鹏．2008 年肉鸡产业发展报告 [J]．中国家禽，2009, 31 (8)：1－4.

[133] 王济民，申秋红，张瑞荣．中国肉鸡产业发展趋势 [J]．今日畜牧兽医，2010 (6)：1－3.

[134] 王济民，申秋红，张瑞荣．中国肉鸡产业发展趋势 [J]．北方牧业，2010 (11)：10.

[135] 王建华，邓远远，朱淀．生猪养殖中兽药投入效率测度——基于损害控制模型的分析 [J]．中国农村经济，2018 (1)：63－77.

[136] 王明利，吕新业．我国水稻生产率增长、技术进步与效率变化 [J]．农业技术经济，2006 (6)：24－29.

[137] 王明利．主要畜禽产业各环节利益分配格局研究 [J]．农业经济问题，2008 (S1)：178－182.

[138] 王燕明．2009 年肉鸡产业发展分析及 2010 年预测 [J]．现代畜牧兽医，2010 (2)：

9 - 12.

[139] 王燕明.2009 年肉鸡产业回顾及 2010 年市场预测 [J]. 中国畜牧杂志，2010，46 (2)：30 - 34.

[140] 王燕明，辛翔飞，王济民.2014 世界肉鸡生产与贸易发展报告 [J]. 中国家禽，2015，37 (11)：7 - 11.

[141] 王燕明，辛翔飞，王济民.2015 年全球肉鸡生产、贸易及产业经济政策研究 [J]. 中国家禽，2016，38 (6)：1 - 5.

[142] 王燕明.2016 年全球肉鸡生产、贸易及产业经济政策研究 [J]. 中国家禽，2017，39 (2)：1 - 5.

[143] 王燕明.2017 年全球肉鸡生产、贸易及产业经济政策研究报告 [J]. 中国家禽，2018，40 (3)：72 - 76.

[144] 王秀清，程厚思.蔬菜供给反应分析 [J]. 经济问题探索，1998 (10)：54 - 56.

[145] 王玮.基于 DEA 的中国木质林产品国际竞争力分析 [D]. 北京：北京林业大学，2016.

[146] 王桂波，韩玉婷，南灵.基于超效率 DEA 和 Malmquist 指数的国家级产粮大县农业生产效率分析 [J]. 浙江农业学报，2011，23 (6)：1248 - 1254.

[147] 王志丹，孙占祥，张广胜，刘宇航.辽宁省玉米全要素生产率分解及投入优化——以辽宁省沈阳市新民市为例 [J]. 江苏农业科学，2017，45 (3)：306 - 309.

[148] 王世表，阎彩萍，李平，张明华.水产养殖企业安全生产行为的实证分析——以广东省为例 [J]. 农业经济问题，2009 (3)：21 - 27，110.

[149] 王文智，武拉平.中国城镇居民肉类需求的单位价值弹性估计偏差研究 [J]. 统计与信息论坛，2013，28 (8)：97 - 101.

[150] 王文智.质量安全与我国城镇居民肉类需求 [D]. 北京：中国农业大学，2014.

[151] 王文智，武拉平.城镇居民对猪肉的质量安全属性的支付意愿研究——基于选择实验（Choice Experiments）的分析 [J]. 农业技术经济，2013 (11)：24 - 31.

[152] 王菲菲.农业信贷对苹果全要素生产率的作用研究 [D]. 杨凌：西北农林科技大学，2016.

[153] 王艾敏.我国苹果主产区生产效率评价——基于 DEA 的 Malmquist 指数分析 [J]. 河南农业科学，2009 (7)：110 - 113.

[154] 王艾敏.中国饲料加工业区域集中与效率研究 [D]. 南京：南京农业大学，2007.

[155] 王命荣.基于供应链视角的乳制品质量安全研究 [D]. 福州：福建农林大学，2017.

[156] 王贵荣，王建军.家庭奶牛养殖水平的影响因素分析——基于新疆奶牛养殖户的问卷调查 [J]. 中国畜牧杂志，2010，46 (10)：13 - 18.

[157] 王力，王洁菲．我国棉花产业链各环节利益分配格局研究［J］．价格理论与实践，2014（3）：67-69.

[158] 王锋，张小栓，穆维松，等．消费者对可追溯农产品的认知和支付意愿分析［J］．中国农村经济，2009（3）：68-74.

[159] 王怀明，尼楚君，徐锐钊．消费者对食品质量安全标识支付意愿实证研究——以南京市猪肉消费为例［J］．南京农业大学学报（社会科学版），2011，11（1）：21-29.

[160] 魏壮志．我国小麦生产要素投入优化及成本降低的潜力估计［D］．郑州：河南农业大学，2017.

[161] 魏丹．我国粮食生产资源要素优化配置研究［D］．武汉：华中农业大学，2011.

[162] 魏敏．影响饲料安全质量的因素及对策的研究［D］．成都：四川农业大学，2004.

[163] 翁贞林，朱红根，张月水，等．种稻大户稻作经营绩效及其影响因素实证分析——基于江西省8县（区）619户种稻大户的调研［J］．农业技术经济，2010（2）：76-83.

[164] 吴林海，裘光倩，许国艳，等．病死猪无害化处理政策对生猪养殖户行为的影响效应［J］．中国农村经济，2017（2）：56-69.

[165] 吴强，孙世民．论供应链环境下奶牛养殖场户的质量控制行为［J］．科技和产业，2016，16（4）：78-82，130.

[166] 吴秀敏．我国猪肉质量安全管理体系研究［D］．杭州：浙江大学，2006.

[167] 吴秀敏．养猪户采用安全兽药的意愿及其影响因素——基于四川省养猪户的实证分析［J］．中国农村经济，2007（9）：17-24，38.

[168] 吴强．供应链环境下奶牛养殖场户的质量控制行为研究［D］．泰安：山东农业大学，2017.

[169] 文晓巍，李慧良．消费者对可追溯食品的购买与监督意愿分析——以肉鸡为例［J］．中国农村经济，2012（5）：41-52.

[170] 汪普庆，周德翼，吕志轩．农产品供应链的组织模式与食品安全［J］．农业经济问题，2009（3）：8-12，110.

[171] 汪普庆．我国蔬菜质量安全治理机制及其仿真研究［D］．武汉：华中农业大学，2009.

[172] 汪普庆，瞿翔．蔬菜企业实施质量安全控制的运作机制探析［J］．湖北农业科学，2012，51（1）：213-216.

[173] 汪旭晖，刘勇．基于DEA模型的我国农业生产效率综合评价［J］．河北经贸大学学报，2008（1）：53-59.

[174] 薛龙，刘旗．河南省粮食生产综合技术效率和全要素生产率分析［J］．河南农业大

学学报，2013，47（3）：345-350.

[175] 薛龙.基于 DEA-Tobit 模型的河南省粮食生产效率分析 [D].郑州：河南农业大学，2013.

[176] 薛强，乔光华，樊宏霞，等.基于 Malmquist 指数的家庭奶牛饲养全要素生产率研究——以中国 10 个奶业省为例 [J].农业现代化研究，2012，33（4）：440-442，460.

[177] 辛翔飞，王济民.我国肉鸡产业发展现状、影响因素及对策建议 [J].中国家禽，2014，36（15）：2-5.

[178] 辛翔飞，王济民.我国肉鸡产业当前发展形势特点、问题与政策建议 [J].中国家禽，2015，37（7）：1-6.

[179] 辛翔飞，王济民.当前我国肉鸡产业发展趋势研究 [J].价格理论与实践，2014（3）：84-85.

[180] 辛翔飞，张瑞荣，王济民.我国肉鸡产业发展趋势及"十二五"展望 [J].农业展望，2011，7（3）：35-38.

[181] 辛翔飞，王燕明，王济民.我国肉鸡产业现状及发展对策研究——基于 2016 年产业回顾及 2017 年市场预测 [J].中国家禽，2017，39（5）：1-7.

[182] 辛翔飞，王祖力，王济民.我国肉鸡供给反应实证研究——基于 Nerlove 模型和省级动态面板数据 [J].农林经济管理学报，2017，16（1）：120-126.

[183] 辛翔飞，张怡，王济民.我国畜产品消费：现状、影响因素及趋势判断 [J].农业经济问题，2015，36（10）：77-85，112.

[184] 辛贤，蒋乃华，周章跃.畜产品消费增长对我国饲料粮市场的影响 [J].农业经济问题，2003（1）：60-64，80.

[185] 辛岭，任爱胜.基于 DEMATEL 方法的农产品质量安全影响因素分析 [J].科技与经济，2009，22（4）：65-68.

[186] 徐敬俊，刘慧慧.基于 DEMATEL 模型的安全水产品消费者信任影响因素分析 [J].中国海洋大学学报（社会科学版），2018（1）：68-76.

[187] 徐长春，童文杰，唐衡，等.基于 DEA 模型与农户调研的北京市粮食补贴政策效果研究 [J].中国农学通报，2013，29（35）：146-151.

[188] 徐峥，陈书章，朱琰洁，等.河南省小麦生产综合技术效率及要素投入动态优化分析 [J].河南农业大学学报，2012，46（5）：589-595.

[189] 徐峥，陈书章，朱琰洁，等.基于 DEA 的河南省农业循环经济效率评价 [J].河南农业大学学报，2011，45（4）：482-486，492.

[190] 徐峥.我国小麦主产区综合技术效率及要素投入动态调整 [D].郑州：河南农业大学，2013.

[191] 徐琼. 基于 DEA 模型的技术效率实证分析——浙江省地区农业效率差异分析 [J]. 宁波大学学报（理工版），2005 (2)：215-218.

[192] 肖开红. 基于组织结构演变的生猪供应链质量激励契约研究 [D]. 西安：长安大学，2012.

[193] 肖红波. 我国生猪生产增长与波动研究 [D]. 北京：中国农业科学院，2010.

[194] 肖红波，王济民. 新世纪以来我国粮食综合技术效率和全要素生产率分析 [J]. 农业技术经济，2012 (1)：36-46.

[195] 谢杰，金钊，李鹏. 中国生猪养殖生产效率的时空特征差异研究 [J]. 农业经济问题，2018 (6)：49-57.

[196] 于剑. 基于 Malmquist 指数的我国航空公司业全要素生产率分析 [J]. 北京理工大学学报（社会科学版），2007 (6)：43-46.

[197] 于林宏，等. 山东省鸡蛋及其加工制品的消费调研 [J]. 中国家禽，2017，39 (2)：74-79.

[198] 余建斌，乔娟，龚崇高. 中国大豆生产的技术进步和技术效率分析 [J]. 农业技术经济，2007 (4)：41-47.

[199] 俞磊. 基于网络 DEA 的食品质量链绩效评价研究 [D]. 南京：南京财经大学，2015.

[200] 尹云松，孟令杰. 基于 Malmquist 指数的中国乳制品业全要素生产率分析 [J]. 农业技术经济，2008 (6)：15-22.

[201] 杨印生，王舒，王海娜. 基于动态 DEA 的东北地区玉米生产环境效率评价研究 [J]. 农业技术经济，2016 (8)：58-71.

[202] 杨兴龙，丛之华，滕奎秀. 吉林省玉米加工业技术效率及影响因素分析 [J]. 农业技术经济，2010 (6)：111-119.

[203] 杨朔，李世平，罗列. 陕西省耕地利用效率及其影响因素研究 [J]. 中国土地科学，2011，25 (2)：47-54.

[204] 杨朔. 陕西省耕地生产效率研究 [D]. 杨凌：西北农林科技大学，2011.

[205] 杨鹤鹤，严功岸，刘瑞峰，魏壮志. 基于 DEA 的河南省粮食生产要素投入效率及过度使用估价分析 [J]. 经济师，2018 (2)：188-189，192.

[206] 杨春，王明利. 基于 Nerolve 模型的我国牛肉产品供给反应研究 [J]. 农业经济，2015 (1)：121-123.

[207] 叶乐安，吴永兴，茅国芳. 粮食直补后水稻生产经济效益评价——来自上海市郊1 887个水稻监测点的动态分析 [J]. 农业经济问题，2008 (7)：38-45.

[208] 赵晓波. 中国全要素土地利用效率计量分析 [D]. 沈阳：辽宁大学，2013.

[209] 张瑞荣，申向明，王济民. 中国肉鸡产业国际竞争力的分析 [J]. 中国农村经济，

2010 (7)：28-38，46.

[210] 张利宇，何洋．湖北省肉鸡产业情况及发展建议 [J]. 中国畜牧业，2018 (1)：40.

[211] 郑逸芳，苏时鹏，王姿燕，等．安溪茶农茶叶生产效率分析 [J]. 林业经济问题，2008 (5)：453-456.

[212] 张冬平，郑博阳．河南粮食生产效率的 DEA 分析 [J]. 经济师，2017 (5)：155-157.

[213] 张冬平，冯继红，白菊红．河南小麦生产效率数据包络分析 [J]. 河南农业大学学报，2005 (1)：86-92.

[214] 张宗毅，曹光乔．基于 DEA 成本效率模型的我国耕种农机装备结构优化研究 [J]. 农业技术经济，2012 (2)：74-82.

[215] 张雪松．基于 DEA 的黑龙江省县级市农业生产效率研究 [D]. 哈尔滨：东北农业大学，2016.

[216] 张领先，孙媛，刘雪，等．基于 Malmquist-DEA 模型的北京家禽产业生产效率与技术进步评价 [J]. 科技管理研究，2013，33 (3)：24-28.

[217] 张一扬，方丽婷，高华峰，等．基于 Malmquist 指数法的曲靖市烟草农业科技创新效率实证分析 [J]. 云南农业大学学报（社会科学），2018，12 (2)：20-26.

[218] 张培兰，郭学先，马恒运．基于 Malmquist 指数方法对东部六省制造业全要素生产率比较分析 [J]. 江西农业大学学报，2010，22 (11)：175-178.

[219] 张菲，卫龙宝．我国奶牛养殖规模与原料奶生产效率研究——基于 DEA-Malmquist 方法的实证 [J]. 农业现代化研究，2013，34 (4)：491-495.

[220] 张磊，王娜，谭向勇．猪肉价格形成过程及产业链各环节成本收益分析——以北京市为例 [J]. 中国农村经济，2008 (12)：14-26.

[221] 张冬平，冯继红，白菊红．河南小麦生产效率数据包络分析 [J]. 河南农业大学学报，2005 (1)：86-92.

[222] 张冬平，冯继红．我国小麦生产效率的 DEA 分析 [J]. 农业技术经济，2005 (3)：48-54.

[223] 张冬平，刘旗，王凌．农业结构调整与农业科技结构的协调问题 [J]. 农业技术经济，1999 (5)：24-28.

[224] 张冬平，袁飞．农业结构效率的数据包络分析 [J]. 农业技术经济，2001 (3)：5-7.

[225] 张慧，周霞，周玉玺．山东省苹果种植产业投入产出效率的实证研究——基于 DEA-Malmquist 指数分析 [J]. 新疆农垦经济，2013 (9)：27-31.

[226] 张杰．垂直协作与肉鸡养殖户质量控制行为研究 [D]. 泰安：山东农业大

学，2015.

[227] 张蓓. 农产品生产加工企业质量安全控制行为研究 [J]. 商业研究，2015 (3)：147-153.

[228] 张学龙，王军进. 基于 Shapley 值法的新能源汽车供应链中政府补贴分析 [J]. 软科学，2015，29 (9)：54-58.

[229] 张贺. 基于合作博弈视角的肉牛产业链利益分配机制研究 [D]. 长春：吉林农业大学，2015.

[230] 周端明. 技术进步、技术效率与中国农业生产率增长——基于 DEA 的实证分析 [J]. 数量经济技术经济研究，2009，26 (12)：70-82.

[231] 周胜男，刘天军. 陕西省猕猴桃种植投入产出效率分析 [J]. 贵州农业科学，2013，41 (3)：135-139.

[232] 周宏，褚保金. 中国水稻生产效率的变动分析 [J]. 中国农村经济，2003 (12)：42-46.

[233] 周洁红. 生鲜蔬菜质量安全管理问题研究 [D]. 杭州：浙江大学，2005.

[234] 周曙东，张宗毅. 农户农药施药效率测算、影响因素及其与农药生产率关系研究——对农药损失控制生产函数的改进 [J]. 农业技术经济，2013 (3)：4-14.

[235] 周曙东，戴迎春. 供应链框架下生猪养殖户垂直协作形式选择分析 [J]. 中国农村经济，2005 (6)：30-36.

[236] 邹剑敏. 我国黄羽肉鸡产业现状与发展趋势 [J]. 中国禽业导刊，2002 (22)：33-34，40.

[237] 宗义湘，赵邦宏，石会娟，等. 河北省小麦产量波动研究 [J]. 农业经济问题，2008 (11)：32-37.

[238] 朱乔，陈遥. 评价输入、输出最佳组合的非参数方法 [J]. 系统工程理论与实践，1994 (1)：69-73.

[239] 翟雪玲，韩一军. 肉鸡产品价格形成、产业链成本构成及利润分配调查研究 [J]. 农业经济问题，2008 (11)：20-25，110.

[240] 朱婷. 基于三阶段 DEA 模型的我国小麦主产区小麦生产效率分析 [D]. 无锡：江南大学，2016.

[241] 钟真，陈淑芬. 生产成本、规模经济与农产品质量安全——基于生鲜乳质量安全的规模经济分析 [J]. 中国农村经济，2014 (1)：49-61.

[242] 钟真. 生产组织方式、市场交易类型与生鲜乳质量安全——基于全面质量安全观的实证分析 [J]. 农业技术经济，2011 (1)：13-23.

[243] 钟真，雷丰善，刘同山. 质量经济学的一般性框架构建——兼论食品质量安全的基本内涵 [J]. 软科学，2013，27 (1)：69-73.

［244］钟真，孔祥智. 农产品质量安全问题产生原因与治理措施［J］. 中南民族大学学报（人文社会科学版），2013，33（2）：125-129.

［245］Auer R，Chaney T，Saure，et al. Quality Pricing-to-Market［J］. Globalization & Monetary Policy Institute Working Paper，2014.

［246］Antle J M. No Such Thing as a Free Safe Lunch：The Cost of Food Safety Regulation in the Meat Industry［J］. American Journal of Agricultural Economics，2000，82（2）：310-322.

［247］Antle，John M. Benefits and costs of food safety regulation［J］. Food Policy，1999，24（6）：605-623.

［248］Antle J M. Chapter 19 Economic analysis of food safety［J］. Handbook of Agricultural Economics，1998，1（1）：1083-1136.

［249］Amiti M，Khandelwal A K. Import Competition and Quality Upgrading［J］. Review of Economics and Statistics，2013，95（2）：476-490.

［250］Bustos P. Trade Liberalization，Exports，and Technology Upgrading：Evidence on the Impact of Mercosur on Argentinian Firms［C］// Meeting Papers. Society for Economic Dynamics，2011.

［251］Barzel，Yoram. Measurement Cost and the Organization of Markets［J］. The Journal of Law and Economics，1982，25（1）：27-48.

［252］Buccola S，Iizuka Y. Hedonic Cost Models and the Pricing of Milk Components［J］. American Journal of Agricultural Economics，1997，79（2）：452-462.

［253］Becker S，Hasselbring W，Paul A，et al. Trustworthy software systems：a discussion of basic concepts and terminology［J］. Acm Sigsoft Software Engineering Notes，2006，31（6）：1-18.

［254］Benedetti Fasil C，Borota T. World trade patterns and prices：The role of productivity and quality heterogeneity［J］. Journal of International Economics，2013，91（1）：68-81.

［255］Braeutigam R R，Turnquist D M A. A Firm Specific Analysis of Economies of Density in the U. S. Railroad Industry［J］. The Journal of Industrial Economics，1984，33（1）：3-20.

［256］Bollinger R. An Essay on Trade and Transformation by S. B. Linder［J］. Zeitschrift Für Nationalkonomie，1962，22（1-2）：197-199.

［257］Baldwin R，Harrigan J. Zeros，Quality，and Space：Trade Theory and Trade Evidence［J］. American Economic Journal Microeconomics，2011，3（2）：60-88.

［258］Crozet M，Head K，Mayer T. Quality sorting and trade：Firm-level evidence for

French wine [J]. Cepr Discussion Papers, 2009, 79 (2): 609 – 644 (36).

[259] Chambers R G, Rolf Fare, Jaenicke E, et al. Using dominance in forming bounds on DEA models: The case of experimental agricultural data [J]. Journal of Econometrics, 1998, 85 (1): 189 – 203.

[260] Caswell, Julie A. Data Needs to Address Economic Issues in Food Safety: Discussion [J]. American Journal of Agricultural Economics, 1991, 73 (3): 945.

[261] Caswell J. How Quality Management Metasystems Are Affecting the Food Industry [J]. Review of Agricultural Economics, 1998, 20 (2).

[262] Dinopoulos E, Unel B. A simple model of quality heterogeneity and international trade [J]. Journal of Economic Dynamics and Control, 2013, 37 (1): 68 – 83.

[263] Dani Rodrik. What's So Special about China's Exports? [J]. China & World Economy, 2006, 14 (5): 1 – 19.

[264] Feenstra R C, Romalis J. International Prices and Endogenous Quality [J]. NBER Working Papers, 2012, 129 (2): 477 – 527.

[265] Finger J M, Kreinin M E. A Measure of "Export Similarity" and Its Possible Uses [J]. Economic Journal, 1979, 89 (356): 905 – 912.

[266] Gertler P J, Waldman D M. Quality-adjusted Cost Functions and Policy Evaluation in the Nursing Home Industry [J]. Journal of Political Economy, 1992, 100 (6): 1232 – 1256.

[267] Gale H F J, Huang K S. Demand For Food Quantity And Quality in China [R]. Economic Research Report, 2007.

[268] Gertler P J, Waldman D M. Quality-adjusted Cost Functions and Policy Evaluation in the Nursing Home Industry [J]. Journal of Political Economy, 1992, 100 (6): 1232 – 1256.

[269] Gillmeister W J, Yonkers R D, Dunn J W. Hedonic Pricing of Milk Components at the Farm Level [J]. Applied Economic Perspectives and Policy, 1996, 18 (2): 181 – 192.

[270] Gaulier G, Lemoine F, ünal-Kesenci D. China's Integration in East Asia: Production Sharing, FDI & High-Tech Trade [J]. Economic Change & Restructuring, 2007, 40 (1 – 2): 27 – 63.

[271] Hallak J C, Schott P K. Estimating Cross-Country Differences in Product Quality [J]. Quarterly Journal of Economics, 2008, 126 (1): 417 – 474.

[272] Hallak J C, Sivadasan J. Firms' Exporting Behavior under Quality Constraints [J]. Working Papers, 2010: 14928.

[273] Hunter K. Science Direc [J]. Serials Librarian, 1998, 33 (3-4): 287-297.

[274] Huang K S, Gale F. Food demand in China: income, quality, and nutrient effects [J]. China Agricultural Economic Review, 2009, 1 (4): 395-409.

[275] Hausmann R, Hwang J, Rodrik D. What you export matters [J]. Journal of Economic Growth, 2007, 12 (1): 1-25.

[276] Hallak J C. Product Quality and The Direction of Trade [J]. Journal of International Economics, 2006, 68 (1): 238-265.

[277] Hummels D, Klenow P J. The Variety and Quality of a Nation's Exports [J]. American Economic Review, 2005, 95 (3): 704-723.

[278] Helble M. Heterogeneous Quality Firms And Trade Costs [J]. Discussion Paper, 2008, 27 (Part): 1-44 (44).

[279] Hallak, Carlos J. A Product-Quality View of the Linder Hypothesis [J]. Review of Economics and Statistics, 2010, 92 (3): 453-466.

[280] Johnson R C. Trade and prices with heterogeneous firms [J]. Journal of International Economics, 2012, 86 (1): 0-56.

[281] Khandelwal, Amit. The Long and Short (of) Quality Ladders [J]. Review of Economic Studies, 2010, 77 (4): 1450-1476.

[282] Kugler M, Verhoogen E. Prices, Plant Size, and Product Quality [J]. Review of Economic Studies, 2012, 79 (1): 307-339.

[283] Khandelwal A, Schott P K, Wei S J. Trade Liberalization and Embedded Institutional Reform: Evidence from Chinese Exporters [J]. Social Science Electronic Publishing.

[284] Lancaster, Kelvin J. A New Approach to Consumer Theory [J]. Journal of Political Economy, 1966, 74 (2): 132-157.

[285] Leffler K B. Ambiguous Changes in Product Quality [J]. American Economic Review, 2001, 72 (5): 956-967.

[286] Lenz J E. Pricing milk components at retail via hedonic analysis [J]. Journal of Dairy Science, 1991, 74 (6): 1803-1814.

[287] Melitz M J. The Impact of Trade on Intra-Industry Reallocations and Aggregate Industry Productivity [J]. Econometrica, 2003, 71 (6): 1695-1725.

[288] Org Z. Measuring the Growth from Better and Better Goods [J]. Nber Working Papers, 2003 (1): 10606.

[289] Rieber W J. Trade, Income Levels, and Dependence by Michael Michaely [R]. 1984.

［290］ Rosen S. Hedonic Prices and Implicit Markets: Product Differentiation in Pure Competition. ［J］. Journal of Political Economy, 1974, 82 (1): 34 - 55.

［291］ Schott, P. K. Across-Product Versus Within-Product Specialization in International Trade ［J］. The Quarterly Journal of Economics, 2004, 119 (2): 647 - 678.

［292］ Veeman MM, Veeman TS, Adilu S. Analysis Of East Asian Meat Import Demand: Market Prospects For Alberta And Canada ［R］. Project Report, 2002.

［293］ Verhoogen E A. Trade, Quality Upgrading and Wage Inequality in the Mexican Manufacturing Sector ［J］. Quarterly Journal of Economics, 2008, 123 (2): 489 - 530.

［294］ Wang Z, Yuan H, Gale F. Costs of Adopting a Hazard Analysis Critical Control Point System: Case Study of a Chinese Poultry Processing Firm ［J］. Review of Agricultural Economics, 2009, 31 (3): 574 - 588.

［295］ Xu B. The sophistication of exports: Is China special? ［J］. China Economic Review, 2010, 21 (3): 0 - 493.

［296］ Zago A. Nonparametric Analysis of Production Models with Multidimensional Quality ［J］. American Journal of Agricultural Economics, 2009, 91 (3): 751 - 764.

［297］ Ziegel E R. Juran's Quality Control Handbook ［J］. Technometrics, 1990, 32 (1): 97 - 98.